하나님의 섭리

하나님의
섭리

지은이 | 차순덕
펴낸이 | 원성삼
표지 디자인 | 한영애
펴낸곳 | 예영커뮤니케이션
초판 1쇄 발행 | 2025년 6월 30일
등록일 | 1992년 3월 1일 제 2-1349호
주소 | 03128 서울시 종로구 대학로3길 29, 313호(연지동, 한국교회100주년기념관)
전화 | (02) 766-8931
팩스 | (02) 766-8934
이메일 | jeyoung_shadow@naver.com
ISBN 979-11-89887-96-4 (03230)

값 15,000원

모든 인간은 하나님의 형상을 닮은 존귀한 존재입니다. 사람은 인종, 민족, 피부색,
문화, 언어에 관계없이 모두 다 존귀합니다. 예영커뮤니케이션은 이러한 정신에 근
거해 모든 인간이 존귀한 삶을 사는 데 필요한 지식과 문화를 예수 그리스도의 사랑으로 보급
함으로써 우리가 속한 사회에 기여하고자 합니다.

"주님! 무슨 일이든지 주어지면 하겠나이다. 나를 써 주소서.
남은 인생, 마지막 불꽃을 한 번 피우고 가겠습니다."

● 첫사랑을 잃어버린 세대를 위하여 ●

하나님의
섭리

차순덕 지음

예영

첫사랑을 잃어버린 세대를 위하여

나는 한 달에 한 번은 손가락 전체에 관절 주사를 맞으러 가고, 3개월에 한 번은 안과에 백내장 검사를 받으러 가며, 6개월에 한 번은 무릎에 연골 주사를 맞으러 갑니다. 그리고 틈틈이 임플란트하러 치과에도 갑니다.

어느 날 치과 진료실 컴퓨터 화면에 비치는 엑스레이(X-ray) 사진을 보니 안타깝게도 자연 치아는 거의 없고 잇몸에 박힌 나사들만 보이더군요. 헛웃음이 났습니다. 어디 아픈 곳이 그뿐이겠습니까? 재미있는 것은 이제 머리카락은 백발이 성성하고, 몸에 기력도 없는데 만나는 사람들마다 나를 여전히 젊은 사람인 듯 대한다는 것입니다. 그럴 때마다 속으로는 '노병은 살아있다. 아직 나는 모세보다 어리다'를 계속 되뇌며 기도하기 시작합니다.

"주님! 무슨 일이든지 주어지면 하겠나이다. 저를 써 주소서. 남은 인생, 마지막 불꽃을 한 번 피우고 가겠습니다."

한 번 사는 거, 사는 듯이 살아보자고 살아가다가, 우리 목사님을 만나고 나서 한 번 믿는 거, 정말 믿는 것처럼 믿어 보자고 그렇게 신앙생활을 해왔습니다.

어느 날 목사님께서 말씀하시더군요.

"전도사님, 책 한번 써 보세요."

내가 대답했지요.

"아무나 그렇게 책을 쓰나요?"

그러자 "아뇨. 듣고 배운 대로 삶으로 살아오신 것을 쓰시면 돼요. 복음을 전하는 좋은 자료가 될 것입니다"라고 답을 하셨습니다.

그날 이후 기도하기 시작했습니다. 그리고 하나님의 사람이 주신 말씀에 순종하는 마음으로 한 글자씩 써 내려갔습니다. 많이 부족합니다. 참으로 부족합니다. 그럼에도 이제 성령님께서 일하시고 이 책을 통해서 복음이 전해질 일을 소망합니다. 『하나님의 섭리』를 통해 나는 열방을 향한 선교를 꿈꾸고 있습니다. 나의 마지막 꿈, 이 열방을 향한 선교를 이 책 『하나님의 섭리』가 하나님의 부름을 받은 누군가를 통해 나의 시간을 이어서, 또 나를 대신하여 멈추지 않고 계속 이루어 줄 것을 믿습니다. '하나님의 나라'라는 큰 가치 앞에서 그분의 부르심을 입고 살아가고 있는 이들이라면 가슴 속에 하나님의 그 큰 뜻이 움직일 것입니다.

하나님의 섭리는 하나님의 마음입니다. 또 그분의 감동이고 향기입니다. 그리고 하나님 아버지의 사랑입니다. 그 마음을 머리가 아니라 가슴으로 느끼며 이 책을 읽는다면 살아온 시간보다 살아갈 시간이 얼마 남지 않은 이 나이 든 사람의 더없는 마음에 조금이라도 공감하지 않을까 생각합니다. 이 글을 읽으시는 분들 모두 하나님의 사랑으로 마음을 녹여 그 따스함을 충만히 채워 가시길 바랍니다.

책을 읽다가 부족한 곳이 보이면 할머니 전도사님이라 그런다 여기시고 살짝 좀 봐주세요.

차순덕 전도사 드림

목차

섭리 1

안식
(예배)

하나님의 섭리는 하나님의 마음입니다.
하나님의 감동이고 향기입니다.

    하나님의 마음이 하나님이 지으신 우주 공간에 말씀으로 펼쳐지고 그 성령이 우리에게 빛으로 와닿는 순간, 위대한 창조는 시작되었습니다. 이 창조를 통해서 주님께서는 "생육하고 번성하여 땅에 충만하라, 땅을 정복하라, 바다의 물고기와 하늘의 새와 땅에 움직이는 모든 생물을 다스리라"(창 1:28하)고 명하셨습니다. 위대한 하나님의 명령을 이 땅에 빛으로 펼치기 시작하시고 사람을 지어 복 주시며 하나님의 벅찬 명령을 주셨습니다.

"천지와 만물이 다 이루어지니라

하나님이 그가 하시던 일을 일곱째 날에 마치시니

그가 하시던 모든 일을 그치고 일곱째 날에 안식하시니라

하나님이 그 일곱째 날을 복 되게 하사 거룩하게 하셨으니

이는 하나님이 그 창조하시며 만드시던 모든 일을 마치시고

그날에 안식하셨음이니라"(창 2:1-3).

하나님께서 천지와 만물을 다 창조하시고 안식하셨습니다. 창조된 만물은 모두 하나님을 찬양하고 있습니다. 안식도 이 위대한 창조의 역사에 포함되었습니다. 하나님께서 창조하신 안식 안에는 이 땅의 흘러간 과거와 현재, 미래의 역사와 사람의 세월이 녹아있고 앞으로 다가올 천년왕국과 새 하늘, 새 땅이 포함되어 있습니다.

이 창조의 뜻을 이루는 하나님의 거룩한 안식은 반드시 예배를 통해서 이루어집니다. 예배를 통해서만 하나님께 내가 완전하고 온전하고 거룩하게 드려질 수 있기 때문입니다. 그래서 안식일은 하나님을 예배하고 찬양하는 날입니다. 신령과 진정으로 하나님께 드려지는 찬양과 경배가 바로 참 예배입니다.

참 예배는
하나님 앞에 내가 온전히 드려지는 시간입니다.
그분께 최상의, 최고의 섬김을 드리는 시간입니다.
주님께 온전한 사랑을 드리는 시간입니다.
나를 비우고 주님으로 채우는 시간입니다.
주님 앞에 나아갈 수 있는 믿음과 담력을 얻는 시간입니다.
죄를 회개하고 용서를 구하는 시간입니다.

당신은 지금까지 어떤 눈물을 흘리면서 예배를 드려보셨나요? 신앙인의 눈물에는 세 가지가 있다고 합니다. 눈을 감으면 바로 주르륵 흘러버리는 눈물, 흐르면서 동시에 마르는 뜨거운 눈물, 그리고 가난하고 애통한 심령으로 하나님의 거룩함 앞에 너무나 아프게 흘러내리는 눈물 ….

나는 내가 몸 담고 있는 교회에 와서 첫 예배를 드리며 '아, 예배는 이렇게 드리는 것이구나!'를 깨달았습니다. 찬양 한 곡을 한 시간 동안 반복해서 부르는 예배였습니다. 처음에는 적응이 안 되다가 두 번, 세 번, 네 번 …. 찬양 가사를 읊조려가며 부르다 보니 어느새 목 놓아 터지는 울음으로 얼굴은 완전히 눈물로 범벅이 되었고 결국 주님 앞에 내 무릎을 꿇게 되었습니다.

하나님의 섭리

그날 이후 나는 지금까지 이 교회를 섬기고 있고, 이곳에서 마지막 숨이 다할 때까지 봉사하다가 주님 품으로 돌아가고 싶은 마음뿐입니다.

어느 주일 예배 때 찬양을 인도하시던 목사님께서 갑자기 강대상 아래에 무릎 꿇고 눈물을 흘리며 기도를 드리기 시작하셨습니다. 그때 나는 우리 예배가 하나님 앞에 거룩하게 드려지는 것을 느꼈습니다. 그 거룩한 흐름이 온 예배당을 덮었고 내 눈에서는 뜨거운 눈물이 흘러내렸습니다. 처음 느껴보는 감격이 나를 휘감았고 참으로 아름답고 행복한 시간이었습니다.

나는 많이 부족한 사람입니다. 그러나 주님께서 나를 택하시고 새롭게 하셨습니다. 나를 회복시켜 주셨고, 불쌍히 여기시고 은혜를 베풀어 주셨습니다. 예배를 통하여 주님이 우리를 그렇게 하십니다. 내 힘만으로는 할 수 없지만, 하나님의 사랑을 믿고 의지하며 그분 앞에 나아갑니다. 입술로 "주여! 나를 불쌍히 여겨주소서"라고 말하면 예수 그리스도의 성령이 나를 덮으십니다. 그리고 그 예수를 덧입은 나를 향해 하나님이 얼굴을 드십니다. 성령과 내 영이, 하나님의 얼굴과 내 속사람의 얼굴이 맞닿는 것입니다.

예배가 중요한 이유는 예배를 통해 하나님의 성령이 나의 영을 깨우고, 나를 일으켜 세우시기 때문입니다. 성령과 내 영이 만나 나의 존재가 하나님의 성전이 될 때, 하나님께서 내게 계시를 보여주기 시작하실 때, 그때부터 내 인생은 확 바뀌게 됩니다. 그러므로 우리가 예배할 때 성령의 방문이 어떻게 시작될지 또 어떤 거룩한 하나님의 역사가 일어날지는 아무도 모릅니다. 그래서 우리는 예배를 통해 성령을 기대하고 바라며 성령의 충만을 받기 위해 거룩함과 정결함으로, 두렵고 떨림으로 하나님 앞에 서는 것입니다.

"수고하고 무거운 짐 진 자들아 다 내게로 오라
내가 너희를 쉬게 하리라"(마 11:28).

우리는 우리를 쉬게 해주신다는 이 말씀을 믿고 나아가야 합니다. 우리는 하나님 앞에 섰을 때 완전과 온전과 거룩함으로 하나님의 거룩을 입는 존재들입니다. 그분에게 의롭게 여김을 받은 존재들이 하나님 앞에 예배드리는 것이 안식입니다.

그러나 사탄은 우리가 어머니의 태중에 존재할 때부터 우리의 영혼과 육체에 상처를 내어 아프게 합니다. 우리의 심령에 혼돈과 공허를 주며 우리를 깊은 흑암 속에서 헤매게 하여 하나님께 나아가지 못하게 참소합니다.

이에 반해 주님께서는 "우리를 일흔 번씩 일곱 번이라도 용서하실 것이며, 너희 죄가 주홍 같을지라도 눈과 같이 희어질 것"이라고 말씀하셨습니다. 주님은 우리의 어떤 죄라도 모두 품어 주십니다. 내가 세상 모든 사람 중에 가장 악한 괴수일지라도 주님께 무릎 꿇고 죄를 회개하면 용서하십니다. 하나님은 자신의 독생자를 희생시키시고 우리를 구원하셨습니다.

요한복음 4장을 보면 예수님이 유대를 떠나 갈릴리로 가실 때 사마리아 지역을 지나 수가라 하는 동네를 방문하시는 장면이 나옵니다. 유대인들이 사마리아인들을 상종도 하지 않던 시절에도 예수님은 사마리아에 있는 한 사람을 위해 그 길을 선택하십니다. 바로 수가성 여인입니다. 예수님께서 수가성 여인을 만나 "물을 좀 달라"고 하시면서 대화는 시작됩니다. 여인이 예수님이 유대인인 것을 알고서 "당신은 유대인으로서 어찌 내게 물을 달라고 하십니까?"라고 반문합니다. 그러나 예수께서는 "네가 만일 하나님의 선물과 또 네게 물 좀 달라 하는 이가 누구인 줄 알았더라면 네가 그에게 구하였을 것이요 그가 생수를 네게 주었으리라"(요 4:10)고 말씀하십니다. 그러고는 또 여인에게 가서 남편을 데리고 오라고 하십니다. 주님은 처음 본 여인에게 너를 소유한 네 주인, 네 남편이 누구냐고 물으시는 것입니다. 그러자 여인이 남편이 없다고 합니다. 그러자 주님은 "맞다. 네 남편이 다섯이나 있었으나 다 아니었고, 지금도 네 남편이 아니다"라고 답하십니다. 초면에 자신의 과거를 말씀하시는 주님을 보고 놀란 여인은 이제 예수님께 "선지자이십니까?"라고 물으며 절박함으로 질문하게 됩니다. 바로 예배에 관해서 말입니다.

여인은 자신의 영혼을 목마르게 하는 갈급함을 해결하기 원했습니다. 여인의 지나온 인생 중에는 안식이 없었습니다. 삶의 안식처여야 할 진정한 남편도 없었고 신앙생활과 믿음의 여정에서도 영의 만족과 안식이 없는 팍팍한 예배만 드리고 있던 목마른 인생이었습니다.

그러나 뜨거운 정오의 시간, 육신의 목마름을 해결하기에만 급급한 그 우물가에서 드디어 수가성 여인은 자신의 일곱 번째 남자이며 참 남편인 예수님을 만났고 몇 마디 대화만으로도 영혼의 갈급함이 즉시 해결되고 안식하기 시작합니다. 예수님은 수가성 여인에게 "지금 너는 예배를 드리고 있다. 은혜와 진리가 충만한 나와 함께 있는 것이 예배다"라고 말씀하시는 것입니다. 세상에서 가장 멋진 분이신 주님이 수가성 여인에게 "네 참 남편은 나다"라며 프러포즈를 하신 것입니다.

하나님의 섭리

예배는 우리가 드리는 것 같지만 실상 우리 힘으로 할 수 있는 것이 아닙니다. 주님을 만나 주님의 음성으로 "예배할 때는 지금 곧 이때라"라며 선포해 주셔야 합니다. 하나님의 섭리로 수가성 여인이 주님을 만나 이때를 누리니 곧 그는 기뻐할 수 있었습니다. 그토록 원했던 수가성 여인의 참 예배의 시작이며 진정한 안식입니다.

안식 속에서 드려지는 예배는 하나님이 우리를 회복시키시는 계시의 때인 것입니다. 그래서 안식일(주일) 예배는 하나님의 계시가 임하는 시간입니다. 그렇기에 하나님께 철저하게 안식의 시간을 지키는 것입니다. 안식일은 한 주간의 시작점으로 하나님으로부터 내 인생의 계시를 받는 시간입니다. 여자가 자신의 영원한 신랑을 만나 예배에 대한 해답을 얻고 삶의 문제가 처리되어 참 자유를 얻은 즉시 물동이를 던지고 뛰어나가 복음을 증거하며 "사람들아, 내가 메시아를 만났다!"라고 외치기 시작합니다.

"하나님은 영이시니
예배하는 자가 영과 진리로 예배할지니라"(요 4:24).

우리는 예배를 위해서 우리 자신을 철저하게 다시 점검해야 합니다. 하나님의 뜻을 아는 이로서 내 지위를 깨닫고, 하나님 앞에서 내가 거룩한 산 제물로 쪼개져서 처리되고 완전과 온전, 거룩함을 입기 위해서 나의 자리를 지키고 있어야 합니다. 예수 그리스도 외에는 우리가 영원한 생명을 얻을 길이 없고, 주님이 아니면 구원의 문제는 내게 영원히 해결할 수 없는 문제입니다. 우리 인생의 무거운 짐을 처리해 줄 수 있는 분은 예수밖에 없습니다. 그리고 나에게 은혜로 살아가는 힘을 얻게 하시는 이도 예수밖에 없습니다.

그러므로 우리는 주님의 은혜와 긍휼을 입기 위해서 자신의 자리를 지켜야 합니다. 사탄은 하나님 앞에서 자신의 자리를 지키지 않고 하나님의 자리에 서려는 교만의 죄를 범했습니다. 사탄은 회개하지 못할 사망의 죄를 짓고 우리 또한 그 사망의 늪에 빠지게 하려고 호시탐탐 우는 사자와 같이 우리 영혼의 생명을 노리고 있을 뿐입니다. 그러나 우리는 전능자이시며 우리의 모든 것 되시는 주님께 우리의 회개와 회복을 위해 "주님이 필요해요"라고 언제든지 고백해야 합니다.

주님 앞에 나의 모든 삶을 내려놓고 회개의 눈물을 흘리는 것, 베풀어 주신 큰 은혜에 감사하며 찬송하는 것이 하나님 앞

하나님의 섭리

에 내 위치에 맞게 준비된 나의 자리에 바로 서는 것이고, 주께서 신령과 진정으로 받으시는 참 예배인 것입니다.

"주여 옳소이다마는
상 아래 개들도 아이들이 먹던 부스러기를 먹나이다"(막 7:28).

이방인인 수로보니게 여인이 예수를 만나 절박한 마음으로 말합니다. 이 여인이야말로 자신의 처지를 알고 인정하고, 자신의 자리를 지키는 이입니다. 우리는 성령 안에서 스스로 자신의 분수를 알고, 자신의 입장을 알고, 자신의 처지를 깨달아야 합니다. 하나님 앞에 서 있는 나는 죄인 중의 죄인입니다. 만삭되지 못하고 태어난 자처럼 나는 하나님 앞에 미천한 자입니다. 이 마음의 비천함이 느껴져야 합니다.

"모이기를 폐하는 어떤 사람들의 습관과 같이 하지 말고
오직 권하여 그날이 가까움을 볼수록 더욱 그리하자"(히 10:25).

성경은 그날이 가까이 올수록 모이기를 힘쓰라고 합니다. 마지막 때뿐만이 아니라, 지금 우리는 함께 하나님의 나라, 새 예루살렘을 지어가야 합니다. 새 예루살렘은 혼자 짓는 것이 아니

라 함께 지어가는 것입니다.

"형제가 연합하여 동거함이
어찌 그리 선하고 아름다운고"(시 133:1).

이것이 주님이 정말 기뻐하시는 교회의 모습입니다. 하나님
의 큰 뜻 앞에 힘과 마음과 뜻을 모아야 합니다. 삼겹줄은 끊어
지지 않습니다. 하나님을 믿는 사람들의 연합은 반드시 필요합
니다. 그래서 연합의 시작이 예배입니다. 예배는 주님과 내가
하나 되는 연합의 연습을 하는 것입니다.

또 예배는 내가 거룩해지기 위해서 주님께 질문하는 시간입
니다. 주님의 얼굴을 대하며 하나님의 온전하심을 구해야 합니
다. 끊임없이 하나님의 얼굴을 우리의 속사람으로 바라보며 주
님에 대한 감각을 기억하고 확증하고 넓혀가야 합니다. 그래서
늘 그분 앞에 서서 그분의 얼굴을 구하고 살아야 합니다.

"여호와는 그 얼굴을 네게로 향하여 드사
평강 주시기를 원하노라 할지니라 하라"(민 6:26).

하나님의 섭리

민수기 6장의 말씀처럼 하나님께서 그 얼굴을 내게로 향하여 드시고 평강을 주시기 원합니다. 하나님과 동행한 에녹은 내내 하나님과 동행하다가 때가 되자 하나님께서 데려가셨습니다. 내가 예배를 통해 예수의 의로운 옷을 덧입고 살면 어느 날 때가 되어 그분의 품속에 들어가 있을 것입니다.

예배는 주님께 완전히 굴복하는 자리입니다. 나는 없고 내 안의 그리스도만 충만해지는 자리입니다. 안식은 하나님 섭리의 결론입니다. 그래서 하나님의 사람들은 가는 곳곳마다 안식할 예배의 단을 쌓습니다.

예배하는 사람에게
아버지의 마음이 들리네.

오직 주님을 예배합니다.
오직 주님을 찬양합니다.

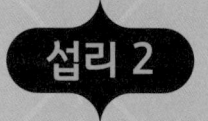

여호와 이레
(여호와께서 준비하시다)

하나님의 섭리는 완전하고
하나님 아버지 마음의 흐름은 끝이 없습니다.

하나님의 자녀 된 우리는 육으로는 하나님 아버지의 마음을
감당할 수도 없고 받을 수도 없고, 그 마음이 접촉되어도 반응
할 수 없는 죽은 존재들입니다. 하나님께서는 이런 우리에게 생
명을 주시려고 그 아들 어린 양 예수를 '여호와 이레'로 준비하
셔서 이 땅에 보내시고 십자가를 지는 고난을 담당하게 하셨습
니다. 우리가 예수 그리스도를 통해 생명을 얻게 되면 우리 삶
에 일어나는 모든 일에 우연은 하나도 없고, 모든 일에 하나님
의 마음과 뜻과 섭리가 '여호와 이레'로 예비 되어 있음을 저절

하나님의 섭리

로 믿고 깨닫게 됩니다.

모든 성경 말씀은 하나님이 보내신 아들 예수님의 이야기로 하나님께서 친히 준비하신 것입니다. 창세기의 흐름도 예수 그리스도의 예표로 준비된 것입니다. 창세기는 첫 사람 아담으로 시작되고 애굽의 통치자이며 가나안의 첫 입성자인 요셉으로 끝이 납니다. 첫 사람 아담을 통해 인류의 원죄가 들어왔습니다. 이 죄를 영원히 처리하신 이가 둘째 사람 예수 그리스도이십니다. 예수님께서는 여자의 후손으로 이 땅에 오셔서 첫 사람 아담으로 시작된 인류의 죄를 모두 떠맡으심으로 하나님의 큰 흐름을 이루는 마지막 사람 아담으로서의 사명을 완전히 이루셨습니다. 그리고 재림하셔서 만왕의 왕으로 천년왕국, 새 하늘과 새 땅을 열고 마지막 매듭을 짓는 분이십니다.

창세기의 마지막 인물인 요셉의 인생도 예수 그리스도의 모형입니다. 요셉이 형들에게 미움을 받고 애굽의 노예로 팔려가 파란만장한 고난을 겪고 마침내 총리가 되어 애굽 제국을 다스리고 고센 땅에서 이스라엘을 보호하다가 애굽에서 죽었으나 입관하여 출애굽한 이스라엘 백성 중 가나안에 가장 앞서 들어가기까지의 모든 요셉의 인생이 또한 다시 오실 예수 그리스도의 예표로 하나님께서 준비하신 것입니다.

예수님께서는 성령으로 잉태되어 태어나셨고 성령으로 자라셨음에도 30세쯤에 요단강에서 다시 성령으로 세례를 받으셨습니다. 이는 '심령의 가나안', 곧 이 땅의 '천국'을 열기 위함입니다. 예수님의 성령 세례는 하나님께서 직접 확증하셨습니다. "하늘로부터 소리가 있어 말씀하시되 이는 내 사랑하는 아들이요 내 기뻐하는 자라"(마 3:17). 이 땅에 오셔서 30년간 성실히 사람의 삶을 사신 예수님께 하나님의 아들로서의 권세가 하늘로부터 공식적으로 주어진 때입니다. 그래서 이후로 예수 그리스도라는 이름 속에 아들의 권세가 펼쳐지고 하나님의 위임이 있게 된 것입니다. 성령 세례 후 예수님께서 광야로 가서 40일간 금식하시면서 사탄의 세 가지 시험을 통과하시니 그때로부터 공생애 사역이 시작되었습니다.

공생애 기간 중 주님이 하신 첫 사역이 바로 마태복음 5-7장에 기록된 산상수훈을 선포하신 일입니다. 예수님께서 입을 열어 친히 가르치신 산상수훈과 팔복의 말씀들은 바로 주님 마음의 흐름입니다. 성육신하신 주님께서 하나님 아버지의 마음이 어떠하신지를 아들이자 메시아로 다 드러내신 것입니다. 진정한 '여호와 이레'의 시작입니다. 우리는 거울을 보듯이 날마다 주님을 보면서 나에게 없는 이 주님의 마음, 내가 닮아야 하는 하늘의 삶을 준비해야 합니다. 하나님께서는 스스로의 힘으로는 생명 얻기가 불가능한 우리를 위해 예수님을 이 땅에 보내셔서 직접 선포하게 하시고 기도하게 하셨습니다. 내 기도는 믿음으로 성령의 충만을 받고 땅끝까지 복음의 증인이 되어 오직 아버지의 기쁨이 되는 것입니다.

지금, 우리 주님 오실 날이 가깝습니다. 이제 믿음으로 성령 받은 자들이 성령의 바람을 일으켜 의인 중의 의인을 찾아내고 하나님 앞에 세우는 주님의 일을 해야 합니다. 주님께 속한 자를 찾아내야 합니다. 여호와 이레로 섭리하시는 하나님께서 이 일을 하고 계십니다. 우리는 이 흐름에서 놀라운 일들을 이루어 내야 합니다. 예수님께서 승천하시면서 예루살렘을 떠나지 말고 기도에 힘쓰면 몇 날이 못 되어 성령을 받으리라 약속하셨습니다. 제자들이 10일 동안 마가의 다락방에 모여 마음을 같이하여 기도에 전념할 때, 성령이 부어졌습니다. 이것이 우리를 위한 하나님의 준비하심, '여호와 이레'입니다. 하나님 나라, 왕국의 완성을 위한 것입니다. 그 일을 위해서 하나님이 친히 섭리하고 계십니다.

하나님께서 아브라함을 갈대아 우르(세상, 바벨)에서 불러내어 훈련시키셨습니다. 그가 이삭을 낳아 모리아산에서 바치기까지의 전 과정을 잘 보십시오. 하나님이 아브라함에게 이삭을 바치라고 하실 때 기꺼이 행하는 그의 순종함을 보시고 말씀하셨습니다.

"내가 이제야
네가 하나님을 경외하는 줄을 아노라"(창 22:12하).

그리고 아브라함은 알지 못했으나 하나님은 양을 미리 준비하고 계셨습니다. 사람이 알지 못하는 '여호와 이레', 하나님의 준비하심이 아브라함이라는 한 사람에게 하나님의 섭리와 하나님의 경륜으로 이미 계획되어 있었습니다.

그러므로 성경을 통해 하나님께서 섭리를 어떻게 풀어 가시는지 깨달아가면, 내 지식, 내 경험으로는 도저히 이해되지 않아도 그냥 따라갈 수밖에 없습니다. 주님이 말씀하시면 그냥 "예!" 하고 순종해야 합니다. 주님께서 죽으라 하시면 죽으면 됩니다. 하나님께서 아들 이삭을 바치라고 하실 때 믿음의 아비 아브라함은 거부하지 않습니다. 즐거이 이삭을 제물로 바쳤습

하나님의 섭리

니다. 아브라함은 하나님의 사랑이 너무나도 크다는 것을 알았기 때문에 아무 말 없이 순종했습니다. 그는 하나님이 주신 자이니 다시 살려주실 것을 믿었습니다. 이 사건을 통해 하나님께서 그분의 섭리로 우리를 어떻게 이끄시는지, 어떻게 펼치시는지, 어떻게 흐름을 이루시는지 생각해 볼 수 있습니다.

성경 말씀을 볼 때마다 내가 바로 문둥병자이고, 베데스다 연못의 38년 된 병자임을 깨닫습니다. 나라는 사람이 옆 사람과 마음의 소통이 안 되는데 주님과는 어떻게 교통하겠습니까? 이 불치병은 치료되어야 합니다. 예수 그리스도께서 십자가에서 내신 새롭고 산 길을 걸어야 합니다. 나 또한 긴 세월을 하루하루 연명하듯이 살아왔지만 이제는 하나님께서 내 삶을 어떻게 섭리하셨는지가 보입니다. 과거에는 내 눈에 보이는 대로만 판단하는 인본의 죄를 지을 때도 있었습니다. 그러나 결국 나는 이제 주님이 우리의 삶 속에 행하신 모든 일에는 이유가 있었다는 것을 확실하게 깨달았습니다. 우리 삶의 모든 것은 '여호와 이레'입니다.

블레셋 다섯 방백이 법궤를 빼앗으므로 하나님의 재앙이 임했을 때 그들은 이 재앙이 하나님께로부터 온 것이 맞는지를 확

인하기 위해서 젖 나는 암소 두 마리에 수레를 메고 법궤를 실어 보냅니다. 아직 멍에를 매어 보지 않은 어미 소에게서 젖먹이 새끼까지 떼어 놨는데도 어미 소들은 좌우로 치우치지 않고 앞만 보고 갑니다. 벧세메스로 가는 길에는 넓고 좋은 길과 좁고 언덕진 힘든 길이 있었는데 좁고 언덕진 길로 가는 소를 보고 블레셋은 자신들에게 임한 재앙이 하나님으로부터 온 것이 맞다고 인정합니다(삼상 6장). 세상의 미물도 본능적인 감각으로 하나님의 뜻을 따라 앞으로 나아갑니다. 하물며 성령과 교통하며 친밀하다고 하는 사람인 우리는 어떻게 살아가고 있는지요? 우리라면 그 좁고 힘든 길로 내 새끼까지 두고 잠잠히 갈 수 있을까요? 벧세메스의 암소, 본성밖에는 없는 그 미물이 젖먹이 새끼를 두고 좁은 언덕길을 걸어 올라가게 하시는 하나님의 섭리가 얼마나 엄중하고 멋진지요! 하나님은 하나님의 뜻과 목적을 위해서 짐승인 소도 쓰십니다. 하물며 주님께 헌신하겠다고 서원한 우리를 주님이 쓰지 않는다면 우리가 하나님 앞에 잘못 산 것입니다. 또 써달라고 해서 다 쓰인다면 얼마나 좋겠습니까?

우리 목사님은 선교사로 훈련받는 청년들에게 "여러분이 선교지에 나가서 먹을 것이 없다면 그냥 굶어 죽으세요. 얼마나 하나님 앞에 쓸모가 없으면 먹을 것도 안 주시겠습니까? 그런 각오로 나가세요"라고 말씀하십니다. 사역의 길, 선교의 길이란 이런 각오 없이 갈 수 있는 길이 아닙니다. 우리는 하나님의 자녀들입니다. 하나님의 섭리는 완전합니다. 그런데 내 인생길에는 왜 이렇게 사사건건 불순종이 많고 또 안 되는 것이 많은지 생각해 봅니다.

> "사람이 마음으로 자기의 길을 계획할지라도
> 그의 걸음을 인도하시는 이는 여호와시니라"(잠 16:9).

내가 어떤 계획을 하더라도 그때마다 주님이 내 걸음을 선하게 이끌어 주셨습니다. 그러나 주님이 인도하시는 길은 험난하고 고단한 길이었습니다. 그 길을 오면서 너무 힘들어서 이제 너무 고단한 일은 그만 겪었으면 좋겠다는 생각도 많이 했습니다. 지나온 날 동안 많은 주님의 인도하심도 느꼈고 그 확실한 증거들이 있음에도 하루하루 삶은 비참했습니다. 선뜻 앞길 하나를 여는 것조차 너무나 힘이 들었습니다. 그러나 그것이 하나님의 섭리임을 깨달았던 날, 너무 감사하고 기뻐서 밤을 지새웠습니다.

"주님, 감사합니다. 이러한 고난은 얼마든지 괜찮습니다. 죽도록 충성할게요."

울면서 고백했던 그날, 그 밤이 지나고 나서부터는 정말 신기할 만큼 내 삶이 풀리기 시작했습니다. 순전히 하나님의 섭리였습니다. 경외를 통과하기 위한 작은 깨달음이 아닌가 싶습니다.

"내가 이제야
네가 하나님을 경외하는 줄을 아노라"(창 22:12하).

주님께서 주시는 감동을 받고 순종해야 할 때 왜 순종해야 하는지를 주님께 묻고 가다 보면 하나님의 생각과 그분의 마음의 결을 깨달을 수 있습니다. 성경 전체에 하나님의 섭리를 표현해 놓으신 것을 보면 감이 잡힙니다.

'여호와 이레'.

창세 이래로 하나님은 우리를 위해 준비하고 기다리십니다. 이것이 바로 하나님의 완전한 섭리입니다.

하나님의 의(義)

하나님의 섭리는
하나님께서 하나님의 의를 우리에게 적용하여
풀어나가는 이야기입니다.

"오직 너 하나님의 사람아 이것들을 피하고
의와 경건과 믿음과 사랑과 인내와 온유를 따르며"(딤전 6:11).

디모데전·후서를 통해 사도 바울은 사랑하는 영의 아들 디모
데에게 "하나님의 의를 좇아 가르치는 자가 되라"고 반복하여
말합니다.
'하나님의 의'는 하나님의 뜻이자 하나님의 생각 속에 있는

원리입니다. 또한 바울은 디모데에게 '하나님의 경륜을 이룸'을 말하고 있습니다(딤전 1:4). 바울이 '하나님의 경륜'이란 표현을 쓴 이유는 그가 유대인으로서 이방인의 사도가 되어 신·구약 전체에 흐르는 하나님의 공의의 큰 뜻과 마음을 보았기 때문입니다. 하나님의 경륜은 이스라엘 뿐만 아니라 이방인인 우리를 포함하여 전 인류에게 예수의 생명을 주고 회복시켜서 하나님의 아들들이 되게 하시려는 계획이었던 것입니다.

우리는 삶에서 하나님의 의인 그분의 뜻을 세우고 풀어가는 사람들입니다. 그 일이 땅에서는 말씀으로 내 안에 성전을 건축하는 일이고, 교회 생활을 통하여 하늘의 새 예루살렘이 지어져 가는 일입니다. 새 예루살렘과 새 하늘, 새 땅의 완성은 세상 끝에서 하나님 아버지와 그분의 자녀들의 차원이 완전히 열리게 된 것입니다. 그러므로 하늘 성소와 땅의 성전은 그 차원과 가치와 표현들이 전혀 다릅니다. 하나님께서는 땅의 성전인 사람이 깨달을 수 있도록 하늘 성소에 대하여 말씀으로 표현하신 것입니다.

"복음에는 하나님의 의가 나타나서 믿음으로 믿음에 이르게 하나니 기록된바 오직 의인은
믿음으로 말미암아 살리라 함과 같으니라"(롬 1:17).

로마서 1장 17절은 사도 바울의 가장 위대한 말씀입니다. 이 구절에서 첫 번째 믿음은 땅의 성소를, 두 번째 믿음은 하늘 성소를 표현합니다. 우리의 신앙생활은 땅의 성전에서 하늘 성소의 차원으로 변화되어 가는 과정입니다. 다른 표현으로 하면 예수가 그리스도인 것을 드러내는 차원입니다.

"그러므로 이제부터 너희는 외인도 아니요 나그네도 아니요 오직 성도들과 동일한 시민이요 하나님의 권속이라"(엡 2:19).

바울은 셋째 하늘의 계시(고후 12:2-4)를 받은 후에 믿는 자들이 새 예루살렘 곧 새 하늘과 새 땅에서 나타날 하나님의 권속(=가족)이라는 개념을 깨닫고 말씀으로 기록합니다. 믿는 우리는 하늘의 시민이며 하나님의 가족입니다. 이 땅에서의 가족관계처럼 우리는 하나님과 함께 식탁에 둘러앉아 얼굴을 마주 보고 함께 먹으며 살아가는 존재들입니다. 그래서 성경에서 '함께 거한다'는 표현들, '함께 먹고 마신다'와 같은 주의 만찬을 뜻하는 표현들은 하나님의 권속(=가족)으로서 하나님의 집인 성소(=교회)에서 함께 살아가는 우리의 삶을 뜻하는 참 멋진 이야기들입니다.

"아이들아 내가 너희에게 쓴 것은 너희가 아버지를 알았음이요

아비들아 내가 너희에게 쓴 것은

너희가 태초부터 계신 이를 알았음이요

청년들아 내가 너희에게 쓴 것은

너희가 강하고 하나님의 말씀이 너희 안에 거하시며

너희가 흉악한 자를 이기었음이라"(요일 2:14)

우리는 하나님의 의를 세우는 사람이 되어야 합니다. 하나님의 의가 어린아이에게는 율법이고 청년들에게는 진리가 되고 아비의 차원을 이루는 이들에게는 주관자의 통찰이 움직이는 탁월한 감각이 됩니다.

"태초부터 계신 이(창조주)를 알았음이요"(요일 2:14중).

이 말씀 속에 하나님께서 이 땅을 창조하신 그분의 모든 뜻과 의미가 충만하게 담겨 있습니다.

"주의 제사장들은 의를 옷 입고

주의 성도들은 즐거이 외칠지어다"(시 132:9).

성경에서는 '하나님의 의'를 '입는 옷'에 비유합니다. 제사장들은 반차를 따라 성전에서 예배할 때 하얀 세마포 속옷과 금실과 청색, 자색, 홍색, 가는 베실로 짠 에봇과 청색의 에봇 받침 겉옷을 입습니다. 하얀 세마포 옷은 사람이신 예수님을 상징합니다. 또한 속옷이므로 사람의 내면을 나타냅니다. 에봇과 겉옷은 모두 그리스도를 상징하며 하나님의 위엄과 전체적인 하나님의 모습을 표현합니다. 일단 제사장이 직무를 위한 복장을 갖춰 입으면 그의 내면이 어떠한지가 중요한 게 아니라 그가 입은 옷 그 자체로서 하나님의 위임을 의미하기 때문에 그것을 보고 하나님께서 일하십니다.

예수 그리스도는 영원한 대제사장으로서 하나님의 위임을 받으신 위엄있는 최고의 대제사장이십니다. 판결 흉패의 12보석을 포함하여 세계 역사상 가장 비싼 옷이 대제사장의 에봇입니다. 이는 왕과 제사장의 옷이 세상을 넉넉히 다스릴 수 있는 하나님의 풍요를 상징하는 것이며 그 위치에 합당한 위엄과 권세를 나타내는 것입니다. 그래서 내가 하나님의 왕과 제사장이라면 이러한 제사장의 의복으로 상징되는 하나님의 풍요가 나를 통해 표현되어야 합니다. 어떤 일을 풀어가고 사람들을 섬기는 일에 왕·제사장으로의 여유와 넉넉함이 나타나며 마음 씀씀이가 달라야 합니다. 왕의 식탁과 일반 백성이 차리는 식탁의 수준은 다릅니다. 식탁은 상을 차리는 사람의 힘과 능력을 상징하는 것입니다. 예수를 믿는 우리는 왕·제사장의 차원에서 이 풍요의 능력을 펼쳐야 합니다.

하나님의 섭리는 하나님과 내가 만나 그분의 뜻이 나에게 와 닿은 것입니다. 하나님의 의를 세운다는 것은 하나님의 생각이 나에게 와 닿았을 때, 말씀이 말씀 되게 하고, 하나님이 하나님 되게 하는 것입니다. 나의 내면과 외면이 모두 예수 그리스도로 덧입혀지는 것이 의이며, 복음입니다. 그래서 복음에는 하나님의 의가 나타나서 믿음으로 믿음에 이르러 생명과 풍요로 펼쳐지는 것입니다.

"누구든지 네 연소함을 업신여기지 못하게 하고
오직 말과 행실과 사랑과 믿음과 정절에 있어서
믿는 자에게 본이 되어"(딤전 4:12).

바울이 청년 디모데에게 네가 하나님을 표현하는 자로서 어리다고 기죽지 말고 하나님이 너를 세우셨다는 당당함을 가지고 살라고 말합니다. 하나님은 그분의 모양과 형상을 표현하도록 우리를 부르셨습니다. 이것이 우리의 사명입니다. 복음에는 하나님의 의가 나타나 있습니다. 우리는 그 복음의 의를 세우는 이들입니다. 그래서 당당하게 하나님의 의를 드러내야 합니다.

"너는 이것을 알라 말세에 고통하는 때가 이르러"(딤후 3:1).

바울은 디모데에게 말세의 때를 아는 자가 되라고 말합니다. 때를 알라는 뜻은, 시세를 알고 마땅히 행할 것을 아는 리더십을 취하라는 것입니다. 하나님께서 주시는 리더십은 하나님의 때를 아는 감각과 통찰을 가진 자의 능력으로 펼쳐집니다. 위대한 하나님의 사람 다윗왕도 시세를 아는 자, 하나님의 때와 통찰의 감각이 있는 자였습니다. 그리고 왕으로 세워진 다윗의 주변에 잇사갈 자손과 같이 시세를 아는 자들이 모이기 시작합니다. 그들은 하나님께서 다음 세대를 다윗에게 맡기셨다는 것을 알았기 때문에 적극적으로 백성들의 굳은 마음을 다윗왕에게 돌립니다. 우리도 복음을 맡은 이로서 하나님의 때(시세)를 알고 주님 다시 오실 날이 얼마 남지 않았다는 말씀을 전해야 합니다. 말세의 시세를 아는 이는 절대 세상과 짝하지 않고 섞이지 않습니다. 말씀이 살았고 운동력 있다는 것을 알기 때문에 오직 말씀을 붙잡고 말씀의 흐름을 탑니다. 그래서 하나님의 섭리는

하나님의 섭리

너무나 중요합니다.

"내일 지구의 종말이 올지라도 오늘 나는 한 그루의 사과나무를 심겠다"라는 세상 격언과 같이 나도 주님의 오심을 기다리며 오늘 한 생명을 향해 이 글을 씁니다. 성경 말씀을 토대로 주님의 재림과 종말에 대한 징조를 살펴 주님 오실 날을 기다리며 준비하고 있습니다. 다음 세대들을 위하여 준비하며, 그들이 그들의 시대를 펼칠 수 있도록 삶으로 가르치고 본을 보이고 방향을 열 수 있도록 열심을 내고 있습니다. 우리 한 사람 한 사람이 얼마나 소중하고 귀한지요. 나 혼자 복음의 의미를 다 밝히려고 하지 마십시오. 이 귀한 복음을 그리스도의 왕·제사장인 여러분들이 책임지고 펼쳐나갈 때 우리의 존재 자체가 하나님의 축복의 통로로 쓰이지 않겠습니까?

사사기(13-16장)에 보면 삼손이 등장합니다. 그는 태어날 때부터 구별된 이스라엘의 사사이며 특별한 힘을 가진 장사로 하나님의 복을 받은 사람이었습니다. 그런데 이방 블레셋 여자의 달콤한 말에 빠져서 그 힘의 근본인 머리카락의 비밀을 드러내 결국 머리카락이 잘리고 힘을 잃어 두 눈까지 뽑히며 타국에 끌려가 착고에 채여 맷돌을 돌리는 비참한 삶을 살게 됩니다. 하나님이 주신 복의 능력으로 무책임하게 행동한 삼손! 포로된 삶에도 시간은 흘러 머리카락이 다시 자라가지만 삼손은 자신의 힘이 돌아온 것도 전혀 깨닫지 못하는 무기력한 존재로 살아갑니다.

그러던 어느 날 삼손은 고난 중에 다시 하나님의 언약, '하나님의 의'를 기억하게 됩니다. 자기의 존재와 사명을 깨닫기 시작한 삼손은 죽음을 앞두고 생각하고 또 생각하게 됩니다. 그래서 블레셋 사람들이 다곤 신에게 제사하려고 모두 신전에 모였을 때 죽기로 작정한 삼손이 통회하는 심령으로 간절히 마지막 기도를 드리기 시작합니다.

"주 여호와여 구하옵나니 나를 생각하옵소서 하나님이여 구하옵나니 이번만 나를 강하게 하사 나의 두 눈을 뺀 블레셋 사람에게 원수를 단번에 갚게 하옵소서!"(삿 16:28)

그리고 남은 힘을 다하여 건물 기둥을 밀어버리니 신전이 무너져 내렸습니다. 성경은 그가 살아있을 때 죽인 자보다 생의 마지막 한 날, 그 하루에 죽인 자가 더욱 많았다고 기록하고 있습니다. 삼손의 이 마지막 한 날이 얼마나 멋진지요? 회개하고 하나님을 구한 한 사람을 통해 하나님께 영광 돌린, 정말 멋진

한 날입니다. 살아온 시간 내내 아무것도 하지 못했다고 자책하는 인생으로 살아가기 바쁜 우리 또한 믿음으로 하나님을 인내하며 구할 때, 마침내 한 사람을 살리게 되는 한 날이 이 삼손의 하루와 같지 않을까요?

8세기 모라비안 교회의 목사 한 사람이 요한 웨슬레(영국과 미국의 감리교 창시자)라는 한 사람을 회심하게 하므로 영국 땅의 그 엄청난 부흥을 일으킬 줄 누가 알았겠습니까? 또 19세기 제화점 영업사원이었던 D. L. 무디(미국의 침례교 평신도 설교자)라는 한 사람이 전도자로 그토록 큰일을 할 줄 누가 알았겠습니까? 오늘 하루, 내가 했던 사역을 통해 어떤 한 사람을 이 시대에 강력한 하나님의 사람으로 쓰임 받게 했다면 정말로 멋진 일이 아닙니까?

나는 충청도 영동의 작은 산골짜기 마을에 살고 있습니다. 이곳에 내가 섬기는 교회가 있고, 우리 교회에는 같은 또래의 아이들이 여섯 명 있습니다. 우리 아이들은 태어나서부터 교회와 공동체 안에서 부모와 이웃과 함께 '하나님 사랑, 이웃 사랑'의 섬김과 도리와 배려의 성경적인 삶을 배우며 살아가고 있습니다. 모두가 열 살이 채 되기 전, 이미 이스라엘로 성지 순례를 다

녀온 대단한 아이들입니다. 우리 담임 목사님께서는 예수 그리스도의 공동체적인 삶의 교육을 아주 중요하게 생각하셔서 생활 속에서 말씀대로 살도록 본을 보이시고 가르치십니다. 그 가르침에 순종하며 맑고 밝게 자라는 귀한 아이들을 바라볼 때, 주님께 얼마나 감사한지 모릅니다.

또 우리 교회의 비전은 '모든 성도를 평신도 선교사로 파송하자!'는 것입니다. 이를 위해 모든 성도가 공동체적인 생활과 신앙 훈련을 받으며 살아가고 있습니다. 낮에는 일하고 밤에는 말씀을 공부하면서 선교사로서 순교를 각오하는 청년들이 모여 훈련받는 교회입니다. 한 예로, 우리 교회 청년들의 결혼식 퇴장 음악은 부부 선교사로 사역의 시작을 의미하는 "파송의 노래"입니다. 우리 훈련생들은 청년들만 있는 것이 아닙니다. 갓난아기부터 어린아이들, 청소년들, 청년과 장년, 노년, 가족, 고아, 과부 등등 전 세대와 계층이 모여 있습니다. 그리고 나 역시도 모두와 함께 울고 웃는 삶을 살아가며 훈련받고 있습니다.

어느 날인가 유튜브에서 눈물 나는 장면을 보았습니다. 치매에 걸려서 자식도 손녀도 알아보지 못하고 아무것도 기억하지 못하는 92세 할머니에게 누군가 "할머니, 예수님 알아요?" 하

하나님의 섭리

고 물으니 "응, 알지. 그분이 나를 데리러 오실 거야"라고 답하시는 영상이었습니다. 오직 예수님만 기억하시는 할머니를 보며, 나는 그만 핸드폰을 붙들고 울고 말았습니다. 그리고 그날 이후 늘 이렇게 기도합니다.

"주님, 만약 제게 치매가 왔을 때 이렇게 말할 수 있을까요? 믿는 자로서 세상 사람과 똑같으면 안될텐데요. 기억이 없을 그때 인본적인 저만 남아 있으면 어떻게 할 지 너무나 걱정이 됩니다. 그러니 주님, 제게 주님의 심장을 주셔서 저를 오직 예수만 사랑하다 간 여인, 예수만 기억하는 사람으로만 남게 해주세요. 인생 끝에서 정말 부끄럽지 않도록 주님 저를 도와주세요."

"내가 여호와께 바라는 한 가지 일 그것을 구하리니
곧 내가 내 평생에 여호와의 집에 살면서
여호와의 아름다움을 바라보며
그의 성전에서 사모하는 그것이라"(시 27:4).

나 또한 '내가 여호와께 바라는 한 가지 일'은 다윗의 기도와 같습니다. 칠십이 훌쩍 넘은 나이, 이제 나의 유일한 소망은 죽는 날까지 여호와를 앙망하며 살아가는 것입니다. 오직 주님만을 사모하는 마음의 노래를 부르며 주님의 품을 사모하는 사람으로 살아가고 싶습니다. 이제 나는 살아온 날의 수보다 살아갈 날의 수가 적은 사람입니다. 흘러가는 시간이 야속하고 그래서 주님께 아낌없이 더 내어 드리고 싶습니다. '남은 생, 주를 위해 한번 불살라 보리라! 선교사로 훈련받는 이 아름다운 청년들을 위해 끝까지 함께 기도하며 손잡아 주리라!' 다짐하고 다짐하며 기도합니다.

주님,
저는 하나님의 한 송이 꽃이 되고 싶습니다.
비록 오그라들고 색은 좀 바랬지만,
가을날 예배당 강단에 장식된 말린 꽃 한 송이로 살고 싶습니다.
하나님의 섭리는 완전합니다.
주님께 감사하고 찬양을 드립니다.
아멘.

하나님의 섭리

선택

"또 내가 들으니 하늘로부터 다른 음성이 나서 이르되
내 백성아, 거기서 나와 그의 죄에 참여하지 말고
그가 받을 재앙들을 받지 말라"(계 18:4).

"내 백성아! 바벨론에서 나오라."

우리는 하나님의 뜻이 없는 교회에서 나와서 하나님의 뜻이 있는 교회로 가야 합니다. 살아야 하기 때문입니다. 참 교회를 위해 더 큰 힘을 모으는 것이 하나님의 뜻입니다. 이 일에 하나님의 뜻을 아는 이, 시세를 아는 이들이 모여야 합니다. 그들이 함께 힘을 합쳐 더 큰 힘을 모아야 합니다. 모여서 바른 교훈을

하나님의 섭리

받아야 합니다.

지금 우리는 복음과 진리를 전하기 너무 어려운 시대를 살고 있습니다. 복음을 전하면 짜증을 내는 사람이 많고, 예수를 그렇게 믿으면 안 된다고 권면하면 난리를 치는 사람도 많습니다. 에베소교회를 향해 주님은 첫사랑을 잃어버렸다고 말씀하십니다. 첫사랑은 주님이 나를 부르셨을 때 그분이 달린 십자가를 체험하며 깨달은 주님의 마음입니다. 하나님의 뜻을 가진 이들은 이 마음을 붙잡고 세속적인 것을 피해야 합니다. 눈만 뜨면 온갖 세상의 문화와 유혹, 쾌락에 노출되는 우리입니다. 그래서 언제든지 세상과 짝할 수 있는 시대에 살고 있습니다.

에베소교회는 니골라당의 행위와 교훈을 미워했습니다. 이는 말씀대로 살지 않는 삶을 미워했다는 뜻입니다. 믿는 이들이 하나님 말씀을 가지고 살아가기 위해 몸부림쳤다는 뜻입니다. 예수를 믿으면 반드시 시련이 옵니다. 이때 믿는 문제에 맞서 우리는 삶에 책임을 져야 합니다. 문제가 생기면 회피하고 도망가는 것이 아니라 책임지고 싸워 이겨내야 합니다. 책임진다는 것은 삶으로 살아내는 것이고 이것이 이기는 자의 삶인 것입니다. 말씀을 지키고 이기는 사람만이 할 수 있는 표현이 있습니다.

오늘날 예수 믿는 사람 중에 겪기 힘든 고난을 당했지만 그 고난 속에서 하나님을 선택하고 신뢰하는 믿음으로 싸워 이겨 간증하는 것을 종종 보았습니다.

> "야곱아 너를 창조하신 여호와께서 지금 말씀하시느니라
> 이스라엘아 너를 지으신 이가 말씀하시느니라
> 너는 두려워하지 말라
> 내가 너를 구속하였고 내가 너를 지명하여 불렀나니
> 너는 내 것이라"(사 43:1).

이 얼마나 힘이 나고 위로가 되는 말씀인가요? 물론 주님이 먼저 나를 선택하셨습니다. 그러나 그 길로 들어가려면 나의 선택과 순종이 전적으로 필요합니다. 자기가 선택한 길에 책임지고 살아가다 보면 깨달아지고 그 깨달음에서 나오는 순도 높은 사랑이 있습니다. 희석되지 않은 진액과 같은 사랑입니다. 그래서 고난 속에서 책임을 배울 수 있도록 가르치는 것입니다. 십자가의 길은 자기에게 맡겨진 영역 안에서 힘껏, 자신의 한계 이상의 책임을 지고 살아갈 때 그 일들이 우리의 영혼과 육체가 감당하기 어려운 고난이 되어 고강도의 압력을 받으며 살아내는 것입니다. 그리고 어느 날 그 고통이 승화되어 내 영혼의 보

석 같은 깨달음으로 변하는 것입니다.

하나님의 교회가 움직일 때 일이 잘되도록 책임지고 함께 마음을 쏟으며, 교회의 흐름을 위해 기도하고 몸부림치는 사람을 주님은 반드시 들어쓰십니다. 이런 사람에게 하나님이 왕과 제사장의 권세를 주시지 않겠습니까? 왕과 제사장은 반드시 생명에 대한 책임감이 있어야 합니다. 교회가 움직일 때, 교회다운 교회를 세우기 위해 몸부림칠 때 그 일들을 책임지려는 책임감이 있어야 합니다. 책임감이 없는 사람에게는 일을 맡기지 않으십니다. 하나님의 일과 교회를 위해 애타는 마음이 책임감입니다. 이런 사람의 희생과 헌신을, 하나님께서는 30배, 60배, 그리고 100배로 갚아 주십니다. 하나님께서는 절대 잊지 않으시고 반드시 복을 내려 주십니다.

어느 날 담임 목사님께서 전립선에 이상이 생겨서 소변을 보지 못하는 고통을 당하셨습니다. 개인적인 사정으로는 한 번도 설교를 빠뜨린 적이 없는 분이신데 그날은 정말 힘드셨는지 설교를 못하셨습니다. 모든 성도가 안타까워하며 함께 기도하기 시작하였습니다. 나도 기도하는데 문득 머릿속으로 '우리가 어떤 기도를 하면 주님이 들으실까?'라는 질문이 떠올랐습니다. 평소 같으면 문제가 눈앞에 놓였으니 당연히 해결해 달라고 부르짖으며 열심히 기도만 하였을텐데 그날따라 주님은 내가 주님의 뜻을 어떻게 구하고 있는지에 대해서 고민하며 다시 생각해 보게 하셨습니다. 그랬는데 갑자기 목사님께서 교회 단체 카톡방에 본인의 상태에 대해 이렇게 글을 올리는 것이 아니겠습니까?

"여러분, 내 병은 나와 상관이 없습니다. 지금 이스라엘의 상황이 더욱 심각합니다. 이것을 기도하셔야 합니다. 나는 하나님께서 죽으라면 죽으면 되고 수치 당하라 하시면 당하면 됩니다." 그러면서 각 가정에 복숭아 한 박스씩을 보내시고 "나와 여러분과의 화목제입니다"라고 하셨습니다. 충격적이었습니다. 자신의 상태와 상관없이 때를 얻든지 못 얻든지 기도하시며 하나님의 뜻을 최우선으로 구하시고 선택하시는 목사님을 보며 나 자신을 곰곰이 돌아보게 되었습니다. 그리고 기도를 통해서 주님 앞에 나를 내려놓고 하나님 나라와 뜻을 구하기 시작하였습니다.

"주님, 저는 하나님 앞에 저런 담대함으로 서지 못합니다. 벌써 70이 넘은 나이임에도 불구하고 아직도 무슨 일이 생기면 어느새 하나님은 빼놓고 제 의와 제 생각으로 계산한 방법을 선택하여 일을 진행하고 있는 것을 보게 됩니다. 하나님과 제가 함께

하나님의 섭리

간다는 것, 함께 산다는 것이 참으로 어려운 일입니다. 그러나 이제 하나님 나라와 뜻을 먼저 구하겠사오니 이 부족한 자를 도와주소서."

기도는 주님과 내가 서로 소통하는 것입니다. 수시로 성령님과 교감하고 교통하면서 더 좋은 것, 더 좋은 뜻, 더 좋은 차원으로 날마다 자라 가는 것입니다. 내가 하나님 앞에 날마다 자라 가는 것은 세상에 대해서는 죽는 것이고, 세상에 대해 죽은 만큼 하나님으로 살아내는 힘이 훨씬 강해집니다. 하나님께서는 아버지의 뜻이 무엇인지, 무엇을 하기 원하시는지, 어떤 하나님의 경륜과 섭리를 펼치기를 원하시는지 헤아리는 자를 찾으실 것입니다. 교회에서도 마찬가지입니다. 성도가 담임 목회자의 말씀과 설교와 눈빛과 움직임의 모든 흐름을 예의 주시하고, 제대로 듣고, 바로바로 그 일에 대해 생각하고 시도하다 보면 어느 날 자신도 모르게 감각과 뜻이 하나님의 감동이 이끄시는 방향으로 흘러갈 것입니다. 그래서 우리는 "주님 어떻게 할까요? 오늘은 무슨 일을 할까요?" 하며 늘 물어야 합니다. 이것이 '쉬지 말고 기도하라'는 말씀의 의미입니다. 그래서 우리는 쉬지 말고 기도해야 합니다.

하나님의 섭리는 아름답습니다.

어느 더운 여름, 내 며느리와 그 친구들이 목사님과 나를 꼭 만나고 싶다며 서울에서 충북 영동까지 먼 길을 내려온다는 연락을 받았습니다. 점심으로 시원한 콩국수를 준비하고 목사님께 "손님들에게 꼭 대접해야 할 음식이 뭐가 더 있을까요?"라고 여쭈었더니 "전도사님, 제 마음의 감동입니다, 양갈비를 해주세요"라고 말씀하셨습니다. 내 생각에 양갈비와 콩국수는 어울리지 않았습니다. 하지만 목사님께서 마음의 감동이라고 하셔서 순종하는 마음으로 양갈비를 더 준비했습니다. 손님들이 모두 도착하고 준비된 식탁에 앉았을 때, "오늘은 양갈비를 준비했어요. 맛있게 드세요." 하는데 손님 중 한 젊은 집사님이 갑자기 울기 시작했습니다. 그리고 한참 눈물을 흘린 후, 간증하기 시작했습니다.

사연인즉슨, 자신은 어릴 때부터 항상 양갈비가 궁금하여 어떻게 생겼는지, 무슨 맛인지 정말 먹어보고 싶었지만 어려운 가정형편으로 여태 먹어보지 못했고 속으로만 하나님께 양갈비를 한 번 꼭 먹어보고 싶다고 기도하였다는 것입니다. 그런데 갑자기 오게 된 이 자리에서 생각지도 않던 양갈비를 대접받게 되니

'아! 하나님께서 나를 위해 이 식탁을 준비하셨구나!'를 깨닫고 너무 기쁘고 감사해서 눈물이 났다는 것입니다. 또 하나님 뜻과 상관없이 배우자를 불신자로 선택하여 결혼했는데 이것이 하나님 앞에 항상 죄책감을 갖게 하였고 더구나 그렇게 시작한 결혼 생활도 잘 풀리지 않아서 하나님이 나를 버리셨나 보다고만 생각해 왔다는 것이었습니다. 그런데 오늘 예비된 이 만찬을 통해 '아! 하나님이 나를 버리지 않으셨구나! 나를 여전히 사랑하시는구나!'라는 마음이 들어 안도감과 위로에 마음이 복받쳐 올라 너무나 목이 메였다는 것입니다. 하나님의 하시는 일이 얼마나 놀라우신지요. 절망과 비참함 속에 빠져서 낙심한 한 영혼을 특별하게 위로하시는 하나님의 그 사랑! 얼마나 아름다운지요. 그 자리에 있던 모두가 주님이 하신 일에 그저 경이롭기만 했습니다. 우리에게 감동을 주시고 순종하게 하신 주님께도 정말 감사했습니다. 물론 그 집사님은 감격과 눈물의 양갈비를 정말 맛있게 드셨습니다.

한 사람의 작은 소원도 듣고 행하시는 주님의 이토록 아름다운 섭리를 보며, 그 자리에서 무슨 말도 할 수 없었습니다. 무슨일이든지 주님께 물으면서 가면 됩니다. 주님의 일이 이렇습니다. 이 작은 감동에 대한 순종이 그날 그분들에게는 하나님 사랑을 알게 하였습니다. 그 후 그분들은 목사님과 대화하며 말씀에 대한 목마름을 해결하고 하나님 나라를 세우는 일에 필요한 힘을 얻어 가벼운 발걸음으로 돌아갔습니다. 나는 이 작은 섬김이 하나님의 사람들이 하는 일이라 생각합니다.

하나님의 나라는 완전과 온전과 거룩함으로 세워지는 것입니다. 주님께서 "내가 거룩하니 너희도 거룩하라"고 하십니다. 완전과 온전과 거룩한 자는 신의 성품에 참여한 자입니다. 하나님의 사람으로서 땅에 속한 사람이 아니라는 의미입니다. 주님은 부활하실 때 이 일들을 다 이루셨지만, 우리는 이 땅에서 그 일들을 이루어 가는 것입니다. 내가 완전과 온전으로 거룩해지면 예수님의 은혜 안에서 내 삶의 죄가 없어집니다.

우리 삶에는 하나님의 섭리와 마귀의 뜻을 좇아가게 하는 마귀의 섭리 두 가지가 모두 존재합니다. 마귀는 끊임없이 자신의 왕국을 세워 자신의 뜻을 펼치고, 자신만의 방식의 세계를 이루기 위해 할 수만 있으면 택하신 자를 미혹합니다. 그것이 마귀의 길입니다. 사람도 자신의 뜻이 있습니다. 우리가 하나님을 선택할지, 마귀를 선택할지는 내 결정, 내 뜻입니다.

하나님의 섭리는 하나님의 일입니다.

"예수께서 그들에게 이르시되
내 아버지께서 이제까지 일하시니 나도 일한다 하시매"(요 5:17).

"도둑이 오는 것은 도둑질하고 죽이고 멸망시키려는 것뿐이요
내가 온 것은 양으로 생명을 얻게 하고
더 풍성히 얻게 하려는 것이라"(요 10:10).

주님께서 이 땅에 오셔서 하신 일은 빼앗긴 에덴을 회복하고, 죄로 죽은 자들에게 생명을 주셔서 빼앗겼던 모든 지위와 삶을 다시 회복시키는 일입니다. 하나님께서는 하나님의 일을 이루시기 위해 온 땅을 두루 감찰하시면서 자기를 향하는 자를 찾고 계십니다. 하나님의 일이 무엇인지 한번 잘 생각해 봐야 합니다. 하나님께서는 생명을 주고 더 풍성하게 하시기를 원하십니다. 한마디로 구원입니다. 믿음의 결국은 전인격적인 구원입니다. 내가 영원히 살고, 행복하고, 복을 누리기 위해서는 하나님의 구원이 필요합니다. 육체, 생활, 환경, 재정, 질병, 속박(생각에 매이는 것) 등 많은 것들로부터 자유로워지는 것이 구원입니다. 우리는 죄로 인해 사망 권세 아래 붙잡혀서 종 되었던 자들

입니다. 예수께서 사망 권세를 끊어버리고 우리를 구원하셔서 하나님으로 살아가도록 기회를 주신 것입니다. 그것이 복음입니다. 내가 하나님이 제시하시는 방향대로 살고 싶어서 하나님을 선택하고 붙잡는 것이 내 믿음이고 뜻입니다. 그리고 그것이 은혜입니다.

종이 아무리 심한 학대를 받아도 내 집의 종이 아니면 개입할 수 없습니다.

하나님의 은혜는 그 종을 불쌍히 여겨서 주인에게 그 종을 자기에게 팔라고 하시는 것입니다. 권세나 힘이나 모든 것이 월등한 자가 주인에게 종을 팔라고 한다면 그 종의 운명이 바뀌게 됩니다. 종에게는 자기가 할 수 있는 아무런 방법이 없으므로 전적으로 그냥 주어지는 은혜입니다. 그러나 종이 원래 주인이 좋으니 그대로 살겠다고 한다면, 어쩔 수 없습니다. 본인이 선택한 것이기 때문입니다.

이처럼 원래 주인 되었던 자의 뜻이 있고, 하나님 아버지의 뜻이 있고, 종인 나의 뜻이 있지만, 나에게는 하나님께 속할 수 있는 자격과 기회가 전혀 없습니다. 오직 하나님이 나를 불쌍히 여기셔서 구속하시고, 대속해 주신 것입니다. 그래서 은혜입니다. 기회 자체가 없는 우리에게 주님이 기회를 주신 것입니다.

'너 스스로 노력하고 내 집에서 내가 주는 것으로 너의 인생을 펼치고, 모든 것을 해볼 수 있도록 도와주겠다'고 하시는 것이 하나님의 일입니다.

또 다른 예로 다윗이 이스라엘을 온전히 통일하니 이스라엘을 괴롭히는 무리가 없어집니다. 하나님은 이스라엘 안에서 반역의 무리가 생길 때마다 다윗을 격동시키셔서 그들을 처리하십니다. 이스라엘 나라 안에 하나님을 거역하는 족속들이 모두 없어지고 이스라엘이 완전과 온전과 거룩함으로 채워질 때 하나님의 나라가 임합니다. 이것이 하나님의 일입니다.

하나님 일의 시간표는 일곱 절기로 움직입니다. 마귀도 이 절기의 흐름에 맞춰 방해 공작을 폅니다. 하나님이 사람을 통해서 일하시지만, 마귀도 사람을 통해서 일합니다. 사람은 이 둘 중에 하나를 선택해야 합니다. 하나님의 뜻에 순종하고 주님께로 가면 주님께 속한 자가 되지만, 마귀에게로 가면 마귀의 사람이 됩니다. 마귀에게 간다는 것은 내 뜻이 살아있다는 의미입니다. 마귀의 속성은 하나님의 통치와 다스림에 있지 않고 자기 자신을 다스리고 자기 마음대로 하는 것입니다. 자기 스스로 왕이 되어 모든 존재를 죽이고 멸망시키려고 합니다. 그리고 거짓

말을 합니다. 그래서 귀신을 섬길수록 망합니다. 굿을 제대로 일곱 번 하면 완전히 망한다고 합니다. 마귀도 사람에게 명예를 주고 부도 줍니다. 그런 다음 짐승을 만듭니다. 그렇게 짐승이 된 사람으로 인해 무수히 많은 사람이 죽어갑니다.

소위 '슈퍼 리치'라고 불리는 전 세계 100조 이상의 재산을 가진 사람들을 보시기 바랍니다. 세계적인 초콜릿 회사를 운영하기 위해서는 아프리카나 남미에 있는 농장의 사람들을 착취하지 않고서는 불가능하다고 합니다. 그런데 그들이 물건을 팔아서는 푼돈밖에 못 법니다. 진짜 큰돈을 벌기 위해서는 전쟁을 일으키고 전 세계의 판을 움직여야 합니다. 전쟁을 일으키면 유가가 오르니 유가가 폭등하는 상황을 이용합니다.

그들의 생각은 일반적인 사람의 사고방식과는 전혀 다릅니다. 그래서 마지막 때에는 전 세계의 네트워크를 통해 경제를 장악하고 사람들을 빚쟁이로 만듭니다. 사람들을 통제하려는 목적입니다. 일부 세력이 부를 독점합니다. 그 일을 위해 에덴에서 뱀이 하와를 속인 것이고, 계시록에서 용이 나오는 것입니다. 그들의 특징은 속이고 죽이는 일입니다.

하나님은 영원하시지만, 사람이나 마귀는 한계가 있습니다.

하나님의 섭리

영원할 것 같은 나의 인생도 어느 날 종말을 맞이하는 일이 생깁니다. 여러분의 뜻을 영원한 하나님 쪽에 두실 것입니까? 사탄에게 맡길 것입니까? 선택은 나에게 있습니다.

섭리는 하나님께서 무슨 일을 하시려는지를 보고 믿으면서 나는 없고 내 안에 하나님의 뜻만 남는 것입니다. 나는 없고 내 안에 그리스도만 산다는 말씀입니다.

하나님의 섭리 앞에, 나를 굴복시키고 주님께 순복하는 자들에게 하나님께서는 기름 부으시고 복을 주십니다. 사탄은 궁극적으로 죽이고 멸망시키는 존재이지만 우리 눈에는 영원히 사는 것처럼 보입니다. 이것이 속이는 것입니다. 우리의 부는 영원하지 않습니다. 권력도 영원하지 않습니다. 사람의 생명도 영원하지 않습니다.

그러나 하나님은 마귀의 일을 멸하고 생명을 주시고 더 풍성하게 주십니다.

영원한 생명이 무엇입니까?
영원하신 하나님의 아들이 누구입니까?
예수 그리스도입니다.
그분 자체가 생명이시고 권세이시고 능력이십니다.

그래서 "너희는 먼저 그의 나라와 그의 의를 구하라"(마 6:33)고 말씀하신 것입니다. 구하는 것이 일입니다. 하나님의 뜻에 굴복하는 것이 일입니다. 내가 그 뜻에 굴복한다는 것은 그 뜻을 이루기 위해 좁은 길로 가는 것입니다. 그래서 나를 죽이는 것, 철저하게 나를 낮추는 작업을 하는 것입니다. 하나님의 일을 끝까지 붙잡는 이들에게 복을 주십니다. 시온의 대로를 여십니다. 형통하게 하십니다. 반드시 이기는 자로 서게 하십니다.

하나님의 사람들은 별 볼 일 없고 미약해 보입니다. 세상의 강력함을 우리가 어떻게 이길 수 있습니까? 그러나 신기하게도 하나님의 사람이 이기고 갑니다.

다니엘 한 사람이 그 시대의 바벨론과 메데-바사를 이겼고, 요셉 한 사람이 그 시대의 애굽을 이겼듯이, 우리가 예수 그리스도를 통해 요셉의 창고를 이루고 다니엘의 지혜와 계시를 취하여 이 마지막 때의 짐승을 이기고 갈 것입니다. 하나님께서는 믿는 여러분 한 사람을 통해 시온의 대로를 여시고 여러분이 하는 모든 일들을 결국은 형통하게 하십니다. 이 역사를 이루시는 것이 하나님의 일입니다. 그 일을 우리에게 기업으로 주시고자 하십니다. 우리를 들어 하나님의 경륜을 이루시는 일에 사용하고 싶어 하십니다.

마귀도 우리를 이용하여 일하지만, 결국 망하게 하는 인본적인 일들을 하게 합니다. 그 선택은 내가 하는 것입니다. 왜냐하면 내 뜻대로 살고 싶어 하는 것이 인본주의이기 때문입니다. "왜 내 마음대로 못하게 하느냐?" 묻고 따지는 사람들이여! 자기 마음대로 산다고 여러분에게 무슨 유익이 있습니까? 욕구대로 재미있는 세상과 환락 속에서 놀고 싶고 살고 싶은 사람이 많지만, 그 길은 결국 망하는 길입니다.

하나님이 제시하시는 길은 힘들어 보이지만 비교할 수 없는 기쁨과 감격과 감사가 있습니다. 그래서 좁은 길입니다. 앞으로 절대적인 존재, 신에 대한 신앙은 사라질 것이라고 말합니다. 명목상 종교일 뿐이라고 말합니다. 얼마 안 있어 몇 평 안 되는 방 한 칸에서 '메타버스'라는 가상 세계 속에 빠져 온갖 즐거움을 누리다가 정신 차려보면 하루가 후딱 지나가 버리는 일이 생길 것입니다. 그렇게 살라고 나라에서 돈도 줄 것입니다. 일은 AI가 하면 됩니다. 그러다 보면 사람이 피폐해서 죽어갈 수밖에 없습니다. 그래서 하나님의 섭리 앞에 굴복해야 합니다. 모든 선택은 내가 합니다.

섭리 5

진리
(말씀)

진리의 말씀 I

나는 너희로 회개하게 하기 위하여

물로 세례를 베풀거니와

내 뒤에 오시는 이는 나보다 능력이 많으시니

나는 그의 신을 들기도 감당하지 못하겠노라

그는 성령과 불로 너희에게 세례를 베푸실 것이요(마 3:11)

우리에게는 성령 세례가 반드시 필요합니다. 우리 속에서 나오는 것은 가시와 엉겅퀴밖에 없습니다. 그러나 성령이 우리 안에 오시면 우리는 성령의 풍성한 열매를 맺게 됩니다. 성령이 우리 속에 오시면 예수님의 완전함과 온전함과 거룩함이 우리를 통치하고 다스리십니다. 우리 의지로는 그 아무것도 할 수

하나님의 섭리

없습니다.

주님 오심 앞에서 주님과 공중에서 함께 만나는 그 역사를 구하고 깨어있어야 합니다. 소망 중에 주님을 바라며 하나님 아버지 나라의 거룩한 뜻과 섭리가 있도록 기도해야 합니다.

"하나님 앞과 살아 있는 자와 죽은 자를 심판하실
그리스도 예수 앞에서
그가 나타나실 것과 그의 나라를 두고 엄히 명하노니"(딤후 4:1).

재림이라는 큰 흐름을 앞에 두고 주님께서 엄히 명령하십니다. 특히 눈으로 직접 주님의 오심을 보게 될 수도 있는 우리 세대는 더욱 진지하게 이 말씀 앞에 서 가야 합니다.

질서는 만유가 하나님의 원리 속에서 움직이고 흘러가는 것입니다. 하나님의 보좌로부터 흘러넘쳐서 낮은 곳으로 계속 흘러가는데, 그 질서의 반듯함을 '의'라고 합니다. 우리 속에서 의가 흘러갑니다. 바울이라는 한 위대한 사도를 통해 하나님의 생명과 성령이 흘러넘쳐 갑니다. 그러나 모양과 형상, 조화와 균형이라는 틀을 절대로 깨지 않습니다. 모양과 형상은 질서를 의미합니다. 틀은 우리를 지키는 힘입니다. 충만은 이 틀이 채워져 흘러넘친다는 의미입니다.

"내 아들아
그러므로 너는 그리스도 예수 안에 있는 은혜 가운데서 강하고
또 네가 많은 증인 앞에서 내게 들은 바를
충성된 사람들에게 부탁하라"(딤후 2:1-2상).

디모데후서 2장은 바울이 사랑하는 아들이며, 후임 목회자이자 다음 세대의 지도자인 디모데에게 전하는 말이지만 사실, 이 내용은 지금 이 시대를 살아가고 있는 우리 모두가 들어야 할 중요한 말씀입니다. 우리도 우리가 죽기 전에 다음 세대에게 해줄 말이 있어야 합니다. 나를 포함하여 적어도 60, 70세가 넘은 어른들은 말과 행동 하나하나가 다음 세대에게 기준이 되어주고 생명이 되어주어야 합니다. 아비들의 삶은 자녀와 청년 세대들에게 적어도 그들의 다음 과정을 미리 볼 수 있는 징검다리가 되어야 합니다. 그래서 나이를 먹을수록 하나님의 성령을 통한 직관, 통찰, 예언이 열려야 합니다. 그 힘으로 반드시 다음 세대의 흐름을 열어주어야 합니다.

하나님의 섭리

요셉이 죽기 전에 다음 세대에게 예언합니다. 그는 가나안에 들어갈 때 반드시 자신의 시체를 들고 가라고 이스라엘 백성들에게 명합니다. 이스라엘이 반드시 가나안에 들어갈 것에 대한 예언이 포함되어 있습니다. 가나안은 모형으로 천국을 상징하기 때문에 관 속에 들려서 가는 요셉은 마지막 때의 모습입니다. 이스라엘 중에서는 그의 시체가 가나안에 제일 먼저 들어갔습니다. 그러므로 첫 번째 부활 때에 무덤이 열려서 올라가는 자들이 살아있는 자들보다 먼저 올라갈 것입니다.

그래서 믿음의 선진들이 정말 중요합니다. 우리도 또 우리의 자녀들도 선진들이 걸었던 길을 따라가기 때문입니다. 자녀는 부모를 보고 배웁니다. 부모가 순종적이면 자녀도 순종적입니다. 그러나 부모가 부정적이면 자녀도 부정적입니다. 하나님의 거룩함을 훼손하는 죄는 무섭게 흘러갑니다. 그래서 흉내도 내지 말아야 할 것이 거룩함을 해치는 죄입니다.

우리에게 예수 그리스도의 지혜와 계시의 영이 열려야 합니다. 앞으로 이루어질 주님의 계획이 예언적으로 보여야 합니다. 땅끝까지 복음을 전하라고 하신 예수님의 명령대로 우리는 열방 곳곳에 숨어 있는 하나님의 백성들을 사탄의 영향력과 사망의 권세로부터 끄집어내는 일을 해야 합니다. 그 일을 이루기 위해 인본주의적인 내 뜻을 꺾어야 하는 것입니다. 사람의 뜻이 앞설 때는 하나님의 뜻을 이룰 수 없습니다.

"너는 진리의 말씀을 옳게 분별하며
부끄러울 것이 없는 일꾼으로 인정된 자로
자신을 하나님 앞에 드리기를 힘쓰라"(딤후 2:15).

바울이 디모데에게 "진리의 말씀을 옳게 분별하라"고 말합니다. 진리를 아는 것이 얼마나 중요한지요. 바울은 진리를 아는 지식의 필요성을 몸소 뼈저리게 체험했기에 말씀으로 거듭 강조합니다.

진리의 말씀은 검이므로, 그 칼날에 내 뜻을 꺾는 것입니다. 그러므로 진리가 나를 지나갈 때는 절대 거부하지 말고, 나를 쪼개고 지나가게 하라는 뜻입니다. 또 사도 요한은 "하나님의 말씀을 인하여 목 베임"을 받은 자들이 있다고 합니다. 이것은 다른 표현으로는 "진리(예수)의 사랑을 입으라"는 것입니다. 진리의 사랑을 입지 않고서는 절대로 우리는 복음을 증거할 수 없고, 하나님의 뜻대로 살 수 없습니다.

"불의의 모든 속임으로 멸망하는 자들에게 있으리니

이는 그들이 진리의 사랑을 받지 아니하여

구원함을 받지 못함이라"(살후 2:10).

바울이 예수를 믿기 전에는 자기가 알고 있는 율법이 전부인 줄 알았던 사람입니다. 그러나 그것은 초보의 율법이었습니다. 바울이 은혜와 진리이신 예수 그리스도를 깨닫고 충만한 은혜가 자신을 덮으시며, 참 진리가 하나님의 보좌에 계신 그분의 마음 깊은 곳에서 온다는 것을 알게 됩니다. 기록된 율법이 전부인 줄 알았던 바울이 하나님의 진리의 깊이가 무한한 것을 깨달으니 세상이 보이는 것이 아니라 구속한 주만 보였던 것입니다. 나는 간 곳 없고 주님만 보이는 것입니다. 핍박을 당해도, 사십에 하나 감한 매를 다섯 번 맞고도, 셀 수 없이 많은 환란과 곤고와 핍박과 모함 속에서 살아가는 데도, 하나도 불편하게 느끼지 않았습니다. 이것은 진리를 알 때 가능한 삶입니다.

로마서에는 바울의 인생이 오롯이 담겨 있습니다. 로마서 7장까지는 바울이 진리와 하나님 마음 때문에 몸부림치는 모습이 나옵니다. 그가 하나님의 뜻을 펼치고 싶은데도 순간순간마다 해야 하는 인생의 선택들이 결코 쉽지 않았던 것입니다. 그 고통이 마치 뼈가 으스러지는 고통과 같습니다. 그리고 그런 고

뇌의 시간이 지나가니 로마서 8장을 기점으로 그의 인생의 가치와 차원의 변화가 확연히 드러납니다.

바울은 율법에 정통한 사람입니다. 예수님을 다메섹 도상에서 만나기 전까지 그에게는 율법이 가장 최고의 진리였습니다. 예수 믿는 자들을 핍박하는 것이 그에게는 율법을 지키려는 충성된 마음의 표현입니다. 그런데 그 율법의 정상에서 하나님이 그의 인본주의적인 사상을 깨부수시니 성령이 충만함으로 확 열립니다. 그래서 마침내 바울은 선포합니다.

"그리스도 예수 안에 있는 생명의 성령의 법이
죄와 사망의 법에서 너를 해방하였음이라"(롬 8:2).

우리는 하나님께 인정받고 사람들에게도 인정받아야 합니다. 그런데 사람들에게조차 멸시와 천대를 받고 인정받지 못하는 사람이 어떻게 최고의 법인 하나님의 법을 제시할 수 있습니까? 사탄도 "예수도 알고 바울도 알거니와 너희는 누구냐"(행 19:15)라고 말합니다.

나는 잘하고 있다는 생각이 있어도 주변 사람들의 반응이 그렇지 않다면 스스로를 다시 점검해야 합니다. 내가 변하면 자랑

하거나 말하지 않아도 주변 사람들이 다 압니다. 평생 자기 멋대로 삶을 살아온 고집에 절어 있는 사람일수록 이렇게 철저히 자신을 살펴보며 회개하지 않으면 안됩니다. 정말 쉽지 않은 일입니다. 삶의 문제 앞에서 자신을 살펴보면서 나 자신이 얼마나 잘못 살아왔는지 회개해야 합니다. 그리고 하나님께서 주시는 말씀을 붙들고 다시 기도하며 삶을 진정성 있게 살아갈 때 하나님께서는 반드시 그러한 삶에 소망의 문을 다시 열어 주십니다.

"또한 너는 청년의 정욕을 피하고
주를 깨끗한 마음으로 부르는 자들과 함께
의와 믿음과 사랑과 화평을 따르라"(딤후 2:22).

스스로 부끄러울 것이 없는 인정된 자로 하나님께 드리려 한다면 청년의 정욕을 피해야 합니다. 청년뿐만 아니라 모든 사람이 그렇습니다. 정욕은 정과 욕심입니다. 몸에서 올라오는 자연적인 몸의 리듬, 욕구, 사람이 인간적으로 가지고 있는 정서적인 감정입니다. 이것은 사탄의 것이지 절대 하나님의 것이 아닙니다. 그래서 그 정과 욕심이 십자가에 못 박히고 거듭나야 합니다. 하나님의 다스림 속에 있어야 합니다.

우리가 선이라고 생각해서 하는 행동도 우선 예수 안에서 거듭나야 합니다. 예를 들어 어떤 사람은 꽃을 너무 좋아해서 강대상을 꽃으로 가득 채우지만, 그의 마음은 꽃과는 거리가 멉니다. 자신도 모르게 꽃을 통해 대리 만족하는 것입니다. 내가 인간적으로 무언가 좋아하는 것도 자신의 정서에서 올라오는 정욕이기 때문에 위험합니다. 그래서 교회를 아름답게 장식하는 선한 행동일지라도 그것의 출발이 나의 정욕인지 아닌지를 예수 그리스도의 원리에 비추어 점검해야 하는 것입니다.

그래서 인간적인 정으로 얽혀있는 사람들을 보면 인생이 참 복잡하고 피곤합니다. 하나님께서는 정욕 대신에 "의와 믿음과 사랑과 화평을 취하라"고 하십니다. 참 어려운 말입니다.

부분적으로 아는 사람이 자기 자신이 조금 아는 것에 확신을 가지고 더 큰 흐름을 아는 사람의 행위를 비판하고 대적하면 답이 안 나오는 일이 생깁니다. 고린도교회에서 우상의 제물을 먹느냐 마느냐 하는 일로 분란이 있을 때 바울은 "우리가 먹고 마시는 권한이 없겠느냐"며 사도의 권위를 내세울 수 있음에도 "만일 음식이 내 형제를 실족하게 한다면 나는 영원히 고기를 먹지 아니하여 내 형제를 실족하지 않게 하리라"(고전 8:13)고 말합니다. 이로써 바울은 사람의 논쟁거리나 해석과는 상관없이 그를 뛰어넘는 차원이 있음을 가르치고 있습니다. 그러나

하나님의 섭리

아무나 그 권위를 가지고 초월할 수 있는 것은 아닙니다.

교회는 하나님의 사람들을 통해 하나님의 다양성을 아름답게 표현해야 합니다. 그런데 어떤 사람들은 자신이 만난 하나님이 전부인 것처럼 생각하는 경향도 있습니다. 예를 들면, 삶을 청빈하게 살라는 것만을 강조하는 것 같은 일입니다. 청빈함은 귀한 덕목이지만, 시대에 따라 펼쳐진 하나의 원리이고 이론일 뿐 모든 복음의 전체를 포함하는 말은 아닙니다. 그리고 청빈한 생활을 강조할수록 때때로 풍요롭게 펼치며 사는 사람을 사치스럽게 여기고 죄인 취급하는 일이 생기기도 합니다. 청빈하게 사는 것이 편한 사람은 그 가치에 따라 절제하며 살면 됩니다. 그러나 넉넉하게 펼치며 살아가는 주님의 생명과 풍요를 깨달은 사람들은 또 그렇게 펼치고 살면 됩니다. 삶의 표현은 다양한 것입니다. 그리고 어떠한 경우에도 부유한 이들은 가난한 사람을 멸시하면 안 됩니다. 그 반대도 마찬가지입니다. 어떤 이들을 통해 주님이 어떤 일을 행하실지 우리는 아무도 모릅니다.

우리 교회는 이웃과 하나님을 섬기는 일에 주님을 누리는 것과 넉넉함을 가르칩니다. 그래서 선교지를 방문할 때는 반드시 선교지에 있는 분들을 위한 잔치를 베풉니다. 또 선교사님들이 한국에 오시면 항상 넉넉하게 만찬을 대접해 드립니다.

어느 해는 우리 교회 목사님과 몇몇 교인 분들이 스위스 로잔에서 훈련하는 예수전도단(YWAM)의 한국 청년들을 만나러 간 적이 있습니다. 우리는 한국에서부터 한식 재료뿐 아니라 젓가락, 숟가락까지 준비해서 스위스로 갔고, 도착한 이튿날인 주일에 한국 청년들을 초청하여 대접하고 위로해 주고 왔습니다. 청년들은 주일 만찬에 초청받은 것을 기뻐했고 준비된 다양한 음식들에 놀라워했으며 맛있게 먹으며 진심으로 "하나님 감사합니다"라고 고백하였습니다. 냉면, 떡볶이, 순대, 김치찜 등 이렇게 다양한 한식을 이곳에서 먹게 될 줄은 꿈에도 생각하지 못했다고 말했습니다. 그렇게 좋아하고 행복해하는 모습들을 보니 우리 마음도 엄청 기쁘고 충만했습니다. 만찬의 섬김 후에는 함께 예배를 드리며 목사님께서도 기도와 말씀으로 민수기 6장의 축복을 전하시고 또 감동이 온 청년들에게는 물질적인 후원도 아낌없이 하셨습니다. 모두가 연합된 자리였습니다. 그리고 다만 모든 일을 주관하시는 하나님께 감사할 뿐이었습니다.

하나님의 일은 모든 과정이 기쁘고 감사한 것입니다. 요즘 같은 세상에 하나님을 알고자 사모하며 하나님을 선택하고 훈련받는 청년들이 얼마나 아름다운지요. 이 작은 인연이 한국에 와서도 계속 이어지고 있습니다. 그때의 청년들은 지금도 하나둘 우리 목사님을 만나러 옵니다. 그리고 목사님께서는 이들을 위해 계속 기도하면서 돌봐 주고 계십니다. 우리 교회에 출석하는 것은 전혀 개의치 않습니다. 목사님은 교인 수를 늘리려고 전도하는 것이 아니라 인생의 방향을 놓고 고민하는 친구들과는 대화하며 필요한 조언을 해주시고, 쉼이 필요한 청년들에게는 언제든지 우리 교회에 와서 잠시 쉬어가라고 하시는 것입니다. 우리 교회는 섬김의 도를 펼치는 교회라며 누구든지 언제든 와서 잘 먹고 쉬고 예배드리며 영혼과 육체를 회복하고 충전하도록 지원하고 계십니다. 펼침이 필요할 때는 정말 아낌없이 넉넉하게 펼치시는 목사님의 자세에서 나는 참 멋진 삶의 방식을 배웠습니다.

"어리석고 무식한 변론을 버리라 이에서 다툼이 나는 줄 앎이라
주의 종은 마땅히 다투지 아니하고
모든 사람에 대하여 온유하며 가르치기를 잘하며 참으며
거역하는 자를 온유함으로 훈계할지니
혹 하나님이 그들에게 회개함을 주사
진리를 알게 하실까 하며"(딤후 2:23-25).

사람 속에서 내가 하나 아는 지식이 있다고, 경험해 본 것이 있다고 서로 다투지 마십시오. 믿는 예법, 믿는 도리에 관계된 것으로 이웃과 싸우려고 하지 마십시오. 믿는 자들과 유전과 전통의 흐름으로 논쟁하지 마십시오. 사람의 차원보다 더 큰 하나님의 차원이 있습니다. 말씀도 우리가 깨달은 것이 다는 아닙니다. 어떤 말을 들을 때, 바로 이해가 안 되더라도 그 속에 무궁한 하나님의 것들이 숨어 있는 경우가 있습니다. 그래서 우선 내가 듣기에 불편하다고 귀를 닫고 전도자의 입을 막아버리는 것은 정말 무식한 것입니다.

성경은 온유하며 겸손하여 가르치기를 잘하라고 말씀합니다. 가르치는 것이 정말 중요합니다. 모세는 온유함으로 이스라엘 백성을 이끄는 왕권을 얻습니다. 그래서 징계할 때 온유하게 하시기를 바랍니다. 거짓 교사를 경계하시기를 바랍니다. 또한 거짓 교사가 되지 않기를 기도하십시오. 할 수만 있으면 제대로 분명하게 가르쳐야 합니다. 어설프게 가르치려고 하지 말고 많이 들어야 합니다. 또한 말씀을 거저 들으려고 하지 마십시오. 거저 듣는 것은 내 것이 안 되기 때문입니다. 진리를 아는 것은 내가 믿음으로 그 말씀을 값으로 사는 것입니다.

말씀에서 떠나지 마십시오. 말씀은 하나님 생각의 원리입니다. 말씀은 하나님의 계획표요, 섭리의 시간표입니다. 말씀이 창조된 존재의 원리들을 설명해 주십니다. 나라는 존재는 하나님으로부터 출발한 것입니다. 내 존재에서 출발하는 것은 인본주의입니다. 그래서 말씀을 계속 묵상하면서 지키고자 하면 땅의 가시와 엉겅퀴 같은 내 생각의 원리가 바뀝니다. 나의 인위적인 생각이 하나님의 축으로 바뀝니다. 말씀이 우리의 생각의 원리가 되어야 합니다. 그리고 말씀의 원천인 하나님으로부터 나라는 존재의 가치와 의미를 찾아내야 합니다.

말씀은 우리를 온전하게 합니다. 그래서 말씀을 붙잡고 그 말씀 앞에 굴복해야 합니다. 절대 말씀에서 떠나지 맙시다.

디모데후서 말씀 전체에 흐르는 성령과 권능들이 우리 속에 들어와서 녹으며 흡수되어 우리 자신이 바울과 같은 차원이 되고 디모데와 같은 훈련된 지도자가 될 수 있도록 열심히 기도해야 합니다. 그래서 우리는 만나는 사람들마다 예수 생명과 하나님 나라를 전파해야 합니다.

어떤 분이 시인인 아버지와 말씀을 나눌 때 그 말씀이 너무 좋아서, 단어 하나하나를 자기의 가슴에 안았다고 표현하는 것을 보았습니다. 우리도 하나님 아버지가, 또 그 말씀이 너무 좋아서 그 하나하나가 정말 감미로워서 내 가슴에 소중하게 안아야 하지 않겠습니까?

사랑하라.
용서하라.
섬기라.
아버지의 사랑은 끝이 없습니다.
그 아버지의 사랑이 완전한 섭리입니다.

진리의 말씀 II

하나님의 원리 앞에 주님의 마음을 가지고
이 시대에 왕과 제사장과 선지자로서
땅끝까지 복음의 증인 되게 하옵소서!

마태복음의 주제는 하나님 나라입니다.

하나님 나라라는 큰 가치와 차원 앞에서 우리는 어떤 마음과 자세를 가져야 할까요? 하나님 앞에 부름을 입었고 그 뜻을 가지고 살아가야 한다면, 우리 속에서 그 자세가 움직여 주어야 합니다. 우리를 녹이시는 따스한 하나님의 사랑으로 채워져야 합니다.

"심령이 가난한 자는 복이 있나니 천국이 그들의 것임이요

애통하는 자는 복이 있나니 그들이 위로를 받을 것임이요

온유한 자는 복이 있나니 그들이 땅을 기업으로 받을 것임이요

의에 주리고 목마른 자는 복이 있나니 그들이 배부를 것임이요

긍휼히 여기는 자는 복이 있나니

그들이 긍휼히 여김을 받을 것임이요

마음이 청결한 자는 복이 있나니 그들이 하나님을 볼 것임이요

화평하게 하는 자는 복이 있나니

그들이 하나님의 아들이라 일컬음을 받을 것임이요

의를 위하여 박해를 받은 자는 복이 있나니

천국이 그들의 것임이라"(마 5:3-10).

마태복음 5-7장의 산상수훈은 온 인류를 향한 주님의 설교입
니다. 한 사람의 심령이 어떻게 예수 그리스도의 장성한 분량에
이르는지 또 왕과 제사장과 선지자로서 완전하고 온전하고 거
룩한 삶을 사는지에 대한 설명입니다. 주님이 원하시는 것은 이
산상수훈의 팔복 말씀이 내 마음의 축으로 세워져서 주님의 기
쁨이 되는 것입니다. 그래서 성경 전체의 핵심은 '심령이 가난한
자'이며 신앙생활은 각자들이 그 절대적인 가난함을 가지고 믿
음으로 살아가며 겪는 일들입니다.

예수님께서는 "나는 마음이 온유하고 겸손하니…"라고 말씀하셨습니다. 심령의 온유함은 심령의 가난함보다도 훨씬 더 깊은 차원이 있습니다. 온유한 자는 진리(하나님의 뜻)를 보고 기뻐합니다. 오직 진리를 보고 기뻐하는 자만 기쁘게 하나님의 일을 할 수 있습니다.

"진리를 보고 기뻐합니다
무례와 사심 품지 않으며
모든 것 믿고 바라는 사랑
모든 것 덮어 주네

지금은 희미하게 보이나
그때는 주를 맞대고 보리
하나님 나를 알고 계시듯
우리도 주를 알리"
("사랑의 송가" 가사 중)

그러나 우리는 머리로만 진리를 깨달을 뿐, 마음은 십자가의 고난과 연단은 거부하고 싶어 합니다. 그래서 진리가 마음에서 움직이지 않고 말씀을 지키며 진리를 행하고 살아가는 삶을 살지 못합니다.

주님 가신 길을 나도 걷겠다며 선택한 길인데도 현실에서 고생하고 힘든 것은 피해 가려는 경향이 강합니다. 말씀의 지식이 많으면 무엇합니까? 진리로 내 마음과 중심이 찢어지고 쪼개지고 부서지는 결단은 하기 싫은 것입니다. 은혜받고 좋아서 하나님의 길을 택했으면 무엇합니까? 진리가 내게서 열매를 맺기까지 인내하고 수고해야 하는데, 실상은 나 편한 대로 살고 하나님과도 이웃과도 벽을 쌓고 살고 있습니다. 이러한 자에게 주님이 어떻게 개입하시겠습니까? 말로만 '아멘!' 하는 것은 아무런 의미가 없습니다.

우리는 스스로가 주님 앞에 낮아져야 합니다. 우리에게 없는 주님의 온유와 겸손의 심령을 구하며, 하나님의 섭리가 나를 저항 없이 통과할 수 있도록 내 생각과 지식과 경험을 내려놓아야 합니다. 내가 옳다는 생각부터 내려놓아야 합니다. 우리는 하나님 앞에서 나를 드러낼 자격이 없습니다. 어떤 상황에도 주님이 말씀하시면 "네. 감사합니다"라고 반응해야 합니다.

20여 년 전, 늦은 나이지만 주의 일을 하겠다고 서원하며 내 믿음의 길을 시작하였습니다. 그리고 말씀대로 살아보겠다고 결심하며 걸어온 그 길 위에서 많은 뜨거운 눈물을 흘렸습니다. 이제 와서 돌아보니 그 긴 시간이 훌쩍 지나갔음에 참 감사하지만, 한편으로 그때 당시에는 가는 길목 하나하나가 왜 이리 멀고 험하였던지요…. 정말 사람 의지하지 않고 하나님만 바라보고 살고 싶었는데, 말씀만 붙들고 싶었는데…. 이런 내 마음과 달리 현실은 참으로 고단했습니다.

가장 힘들었던 부분은 물질에 대한 주님의 훈련이었습니다. 교회 비전이 '열방 선교'와 '평신도 선교사 사역'이다 보니 국내외를 가리지 않고 '열방 땅 밟기'를 위한 단기선교 팀을 매달 꾸려 나가게 되었고 또 그 과정에 필요한 모든 선교비를 자비량으로 감당하였습니다. 그 세월이 20년이 넘었습니다. 넉넉한 재정을 가지고 시작한 일들이 아닙니다. 그래서 더 어려움이 많았습니다. 부족한 형편 가운데 필요한 물질을, 때마다 마련하는 일들이 너무나 힘들어서 항시 눈물로 기도하며 주님께만 매달리게 하셨습니다. 주님께서는 늦깎이 제자인 나를 긴 시간 혹독하게 훈련시키셨습니다. 그럼에도 모든 일들을 능히 감당할 수 있도록 늘 영육 간에 힘을 주신 우리 목사님이 계셨고, 또 내 어미의 일이라고 믿음도 없는 두 아들이 선교에 필요한 재정들을 후원하며 많은 부분을 감당해 주었기에 가능한 일이었습니다.

특별히 내 두 아들에게도 정말 고맙다는 말을 전하고 싶습니다. 내 자식들이지만 참 효자들입니다. 그래서 이제 내 인생의 마지막 부분에서 두 아들에게 주님의 마음을 전하고 싶습니다. 아들의 기억 속에 오직 주님만 사랑하다가 주님 품으로 간 엄마로 남았으면 좋겠습니다. 내 아들들을 주님께서 꼭 기억해 주시라는 기도와 함께 이 책을 선물로 남깁니다.

"네가 내 일을 하면 나는 네 일을 한다"라고 하신 주님의 말씀을 믿으며 옆도 뒤도 보지 않고 지금 이 자리까지 왔습니다. 돌이켜보니 주님이 모든 상황과 환경을 항상 책임져 주셨습니다. 모든 것이 주님의 은혜입니다.

할렐루야!

마태복음은 왕의 복음입니다. 마태복음 21-25장에서 주님은 산상수훈의 팔복 말씀보다 훨씬 더 긴 설교들을 하셨습니다. 이 것은 또 다른 차원입니다. 바리새인과 서기관, 제사장과 율법사들 또 헤롯 당원들과 같이 그 시대의 머리 된 자들에게 하시는 말씀입니다.

마태복음 21장에서 예수님이 성전에 들어가시고 가르치시기 시작합니다. 그리고 22장까지 주님이 장자의 비유, 포도원의 비유 그리고 혼인잔치 비유에 대해 말씀하십니다.

이 세 가지 비유는 이스라엘의 촛대가 이방으로 옮겨진 것을 의미합니다. 구약 말씀에 하나님께서는 이스라엘을 향해 '너는 나의 아내'라고 말씀하셨지만, 그 촛대는 이방으로 옮겨졌습니다. 그래서 이 비유들은 이스라엘에 대한 심판을 의미하지만, 믿는 이방인 우리에게는 어떤 자들이 택함을 입는가에 대한 이야기입니다. 이들은 어린 양의 신부이자 장자들의 총회에 참석하는 이들입니다.

이후에 마태복음 26장에서 겟세마네 동산에 올라가시고 십자가와 부활의 과정을 통과하십니다.

교회는 주님의 신부입니다.

우리 각 사람이 하나님의 성전이며 교회입니다. 그런데 과연 나는 어떤 교회인지를 생각해보시기 바랍니다. 스스로를 돌아볼 때 성령의 임재를 통해 내 안의 보좌에서 생수의 말씀이 흘러야 하고, 이를 가지고 누군가에게 생명과 풍요를 주는 일을 하고 있는지요? 만약 그렇지 못하다면 나는 실제의 교회가 아닌 것입니다.

교회는 세상 사람들을 불러 모아 구별하고 그들에게 생명을 주어 세상을 이기는 자로 살아가도록 말씀을 가르쳐 지키게 해야 하는 곳입니다. 하나님께서는 반드시 교회를 통해 이 뜻을 이루고자 하십니다. 그러므로 교회가 말씀을 가르쳐 지키게 하려니 하나님의 자녀들에게 회초리와 징계가 필요하고 근신과 권고가 필요한 것입니다. 교회의 모든 사역은 믿는 이들이 진정한 하나님의 사람이 되기 위한 과정입니다.

"예수께서 나아와 말씀하여 이르시되
하늘과 땅의 모든 권세를 내게 주셨으니
그러므로 너희는 가서 모든 민족을 제자로 삼아
아버지와 아들과 성령의 이름으로 세례를 베풀고
내가 너희에게 분부한 모든 것을 가르쳐 지키게 하라
볼지어다 내가 세상 끝날까지
너희와 항상 함께 있으리라 하시니라"(마 28:18-20).

이 말씀이 마태복음 전체를 통틀어 가장 중요한 말씀입니다.

구약에서 야곱의 아들 중 르우벤은 장자였지만 음란함으로 장자권을 빼앗겼고, 시므온과 레위도 포악한 성품으로 장자의

하나님의 섭리

자리를 빼앗겼습니다. 결국은 요셉 사건을 통해 아버지의 마음을 깨달은 유다가 장자권을 받습니다. 그래서 이스라엘 왕의 흐름이 유다 지파에서 나옵니다. 장자는 하나님의 흐름 속에 정해지는 것입니다. 단순히 내가 하고 싶다고 되는 것이 아닙니다. 그러므로 하나님의 장자는 말씀을 가르쳐 지키게 하라는 성령의 인도하심과 하나님의 섭리 속에서 정금이 되는 연단과 훈련을 통과한 자들이라야 되는 것입니다.

성경을 사람이 임의대로 작성했다고 생각하지 마십시오. 심령의 가난함과 온유함이 축이 되어 팔복을 끝까지 이루어가는 것이 성경의 흐름입니다. 팔복을 이룬 자가 장자이고, 이 일을 교회가 하는 것입니다. 그렇게 한 자들이 혼인 잔치에 참석하는 것입니다.

마태복음은 꼭 읽어야 합니다. 아주 정성 들여 읽어야 합니다. 마태복음 21-25장은 십자가를 지시기 전 이스라엘을 향한 주님의 마지막 유언입니다. 이스라엘에게 정말 무서운 심판의 말씀을 하십니다. 바리새인과 서기관들에게는 "화 있을지어다"라고 책망하시며 성전에 들어가십니다. 주님이 오셔도 이스라엘이 회개하지 않았기 때문입니다.

성전은 거룩함의 차원입니다. 완전과 온전함의 차원이고 보좌의 차원입니다. 우리가 그 차원에 들어가기 위해서 어떤 존재가 되어야 하는지를 설명하는 것입니다. 그리고 이 하나님의 성전을 주관하는 이가 장자입니다.

교회는 하나님의 장자로서의 원리, 말씀의 원리를 가지고 복음을 펼쳐야 합니다. 다시 말하면, 성전이 움직이는 것은 성전에 속한 한 사람, 한 사람의 영혼이 움직이는 것이고, 주님의 성품인 팔복이 움직이는 것이고, 하나님의 마음인 사랑이 움직이는 것입니다. 이는 성령으로만 가능한 것입니다.

이제 우리는 성령으로 아버지의 마음과 뜻을 펼치고 풀어가기 위해서 보좌 앞 일곱 영의 움직임을 깨닫는 사람이 되어야 합니다. 일곱 영의 움직임을 지지해 주는 것이 계시록의 일곱 원리입니다. 이것을 주님은 마태복음의 마지막 명령으로 우리에게 주고 싶어 하십니다.

계시록의 일곱 원리는 하나님의 일곱 영으로서 예언의 영, 진리의 영, 성결의 영, 생명의 영, 양자의 영, 은혜의 영, 영광의 영입니다.

"불의를 기뻐하지 아니하며 진리와 함께 기뻐하고"(고전 13:6).

진리와 함께 기뻐하는 것이 하나님의 섭리입니다.

잎이 가지를 사랑하고 가지가 잎을 사랑하고
둘은 함께 뿌리(주님)를 사랑한다.

섭리 6

목자와 양

어느 날 아침에 일어나서 기도하는데, 시편 5편의 말씀을 가사로 한 찬양이 계속 귓가에 맴돌았습니다.

그리고 이런 기도로 하루의 문을 은혜로 열게 하셨습니다.

나의 말에 귀를 기울이시고 나의 심사를 통촉하시는 주님,

참 아프고 어려운 상황들 가운데서

기적을 행하여 주심을 감사합니다.

하나님의 섭리

하나님의 섭리가 완전하다는 것을 또 한번 믿습니다.

그리고 주님께 감사드립니다.

하나님 아버지,

모든 일 앞에서 겸손하게 하시고

주님이 모든 만물의 주관자 되심을 선포하게 하시고

그 흐름 앞에서 겸손하게 우리의 마음을

주님께 돌려드릴 수 있도록 도와주시옵소서.

즐거이 주님께 헌신하고

주님이 필요하다 하실 때

언제라도 기쁘게 주님 앞에

내 생명까지도 아낌없이 내놓을 수 있는

그런 겸손이 우리 안에 있게 하옵소서.

이것이 예수 믿는 자들이 가져야 할

삶의 자세요, 태도요, 성령의 나타남이라고 믿습니다.

감사드리며 예수님 이름으로 기도합니다. 아멘!

하나님의 섭리를 이루기 위해 제일 중요한 것은 하나님의 흐름에 반하는 내 뜻과 생각을 십자가에 못 박아 죽이는 것입니다. 하나님의 뜻 앞에 죽어야 할 때 내 뜻으로 맞서면 하나님의 원수가 됩니다. 내 습관·내 방식대로 사는 것, 내가 왕이 되려는 것, 내 영역을 확보하려는 것 모두 주님 앞에 엄청나게 위험하고 무서운 인본주의적인 죄들입니다.

"여호와는 나의 목자시니 내가 부족함이 없으리로다
그가 나를 푸른 풀밭에 누이시며 쉴만한 물가로 인도하시는도다
내 영혼을 소생시키시고
자기 이름을 위하여 의의 길로 인도하시는도다
내가 사망의 음침한 골짜기로 다닐지라도
해를 두려워하지 않을 것은 주께서 나와 함께 하심이라
주의 지팡이와 막대기가 나를 안위하시나이다
주께서 내 원수의 목전에서 내게 상을 차려 주시고
기름을 내 머리에 부으셨으니 내 잔이 넘치나이다
내 평생에 선하심과 인자하심이 반드시 나를 따르리니
내가 여호와의 집에 영원히 살리로다"(시 23편).

시편 23편은 하나님의 섭리가 한 사람의 인생 가운데 어떻게 역사하시는지를 가장 잘 표현한 말씀입니다. 하나님께서는 자기 이름을 위해 우리를 의의 길로 인도하시며, 지팡이와 막대기로 인도하십니다.

시편 23편을 통해 하나님께서는 우리와 그분의 관계를 목자

와 양의 관계로 정했습니다. 그리고 양은 목자가 이끄는 대로 가야 합니다. 목자는 '여호와의 집에 영원히 거하는 시간'까지 양들을 이끌고 갑니다. 이것이 하나님의 섭리입니다. 시편 23편에 하나님의 마음이 담긴 섭리가 표현되고 고스란히 녹아있습니다.

> "우리는 다 양 같아서 그릇 행하여 각기 제 길로 갔거늘
> 여호와께서는 우리 모두의 죄악을 그에게 담당시키셨도다"
> (사 53:6).

하나님께서는 왜 사람을 양에 비유하셨을까요? 양은 고집이 세서 자기가 가던 길로만 가려고 합니다. 더운 여름에는 서로 붙어있고, 추운 겨울에는 서로 떨어져 있는 참 신기한 동물입니다. 그 미련함을 목자가 계속 돌보면서 끌고 갑니다. 목자는 돌보고 있는 모든 양의 이름을 알고, 양들은 목자의 음성을 듣습니다.

> "문지기는 그를 위하여 문을 열고 양은 그의 음성을 듣나니
> 그가 자기 양의 이름을 각각 불러 인도하여 내느니라"(요 10:3).

그런데 집 나간 양이 있습니다. 누가복음 15장에 나오는 탕자의 비유를 보십시오. 탕자는 아버지를 떠나서 내 방식과 내뜻대로 영역을 구축하려고 하는 인간의 대표적인 사례입니다. 우리는 자기 자신의 방식대로 살려고 하고, 자신의 영역을 지키려고 하고, 아버지의 것을 당연히 자기 자신의 것이라고 생각하는 탕자의 생각이 얼마나 위험한지를 알아야 합니다. 또 집에 남아서 아버지를 도왔던 큰 아들의 입장에서는 자신은 괜찮다고 생각할 수 있지만, 동생을 바라보며 시험에 드는 첫째도 아버지에게는 똑같이 못난 아들입니다. 그럼에도 자식에 대한 하나님 아버지의 사랑이 이 탕자의 이야기 속에 흘러갑니다.

"내 아들은 죽었다가 다시 살아났으며

내가 잃었다가 다시 얻었노라 하니

그들이 즐거워하더라"(눅 15:24).

아버지는 탕자를 향하여 아버지 집을 떠났을 때는 죽은 자라 말씀하십니다. 참 무서운 표현입니다. 하나님 아버지와 상관없이 사는 사람은 죽은 자입니다. 내 육적인 기질만 나오는 것은 죽은 자인 것입니다. 사람은 주님의 울타리를 벗어나면 죽어가게 됩니다. 하나님의 섭리 밖에 있는 자가 되는 것이며 하나님과 원수된다는 의미입니다. 그러므로 성령이 내 안에 오셔서 그 생기로 나를 다스리시고 이끄시며 성령과 연합되게 하여 나오는 빛깔이 영적으로 살아있는 자의 존재감인 것입니다. 인생에서 성령과 연합된 존재의 빛깔을 아름답게 발산하는 것이 하나님께서 각 사람을 통해서 하고자 하시는 일입니다.

탕자의 비유는 구약의 선악과 이야기로부터 시작된 것입니다. 탕자는 아버지와 상관없이 자기 자신의 방식으로 살고자 하는 자입니다. 아버지의 품 안에 거하며 펼치려는 것이 아니라 아버지를 떠나 아버지처럼 되고자 하여 아들로서의 지위를 지키지 않은 것입니다. 이것은 최초의 사람이 자신의 권한 밖에 있던 선악과를 먹었던 행위와 같은 의미입니다.

또 이 흐름은 바벨탑 사건을 통해서도 이어집니다. 바벨탑은 사탄이 하나님의 심판을 면하고 하나님과 상관없이 살고자 하여 사람을 통해 만들려던 것입니다. 사탄의 흐름이 사람들 속에 흘러가는 것이 사탄의 섭리입니다. 사탄의 섭리는 하나님 없이 자기 방식대로 자기만의 성을 구축해서 자기 뜻대로 살며 하나님과 자기를 견주어 비기려는 것입니다. 결국 사람을 죽이고 멸망시키려는 목적입니다.

그러나 하나님께서는 우리에게 생명과 풍요와 안식을 주고 싫어 하십니다. 이 얼마나 다릅니까? 그래서 하나님의 섭리는 구원으로 나타난 것입니다. 구원은 하나님께서 사탄의 궤계를 깨고 아버지의 나라를 완전과 온전과 거룩함으로 회복하기 위해 시작하신 일이며 섭리입니다.

성령이 내 안에 오셔서 하시는 일은 내 안의 가나안 일곱 족속을 잡고 내 존재를 완전과 온전과 거룩함으로 회복시키셔서 영원한 하나님 나라에서 하나님과 함께 살게 하시는 것입니다. 내가 하나님께 완전히 굴복하는 것이고 하나님께 완전히 속하는 것이고 하나님께 완전히 드려지는 것입니다. 이것이 섭리입니다.

탕자가 아버지를 떠나 살아갈 때는 돼지가 먹는 쥐엄열매조차 먹을 수 없을 정도로 가난하고 비천한 종이 되어 살았습니다. 그러나 세상을 떠나 아버지 집에 돌아오는 즉시 목욕시키고 가락지를 끼워주고 옷을 새롭게 입혀주십니다. 그리고 잔치가 열립니다. 아들로서의 권위를 다시 회복시켜 주십니다.

이는 죽었다가 다시 산 것입니다. 새로운 생명을 얻은 것처럼, 그의 삶이 전과 다름없는 차원으로 다시 회복되었습니다. 아들로서의 누림이 모두 회복된 것입니다. 인생의 구원으로 나타난 것입니다.

섭리가 우리 삶에 이렇게 나타납니다. 우리에게 하나님이 오셨다는 말은 빼앗겼던 모든 것을 회복시켜 주셨다는 뜻입니다. 내가 하나님 아버지 앞에 아들과 신부와 왕과 제사장의 직분을 얻고 새롭게 살아가는 자로 세워졌다는 것입니다.

> "이기는 자는 내 하나님 성전에 기둥이 되게 하리니
> 그가 결코 다시 나가지 아니하리라
> 내가 하나님의 이름과 하나님의 성
> 곧 하늘에서 내 하나님께로부터 내려오는 새 예루살렘의 이름과
> 나의 새 이름을 그이 위에 기록하리라"(계 3:12).

성경은 하나님의 섭리를 품고 있는 존재를 교회, 여자, 아들, 신부라고 표현합니다. 나라는 존재는 말씀에서 여자로 상징되는 교회이며, 하나님의 아들들 중 하나이자 신랑되실 예수 그리스도의 신부입니다. 성경은 교회를 그리스도의 비밀이라고 표현하고, 남편 되시는 주님과 신부인 나의 관계를 아가서 말씀에 있는 침궁의 비밀에 비유하십니다.

세상에서도 우리는 가문의 영원성을 표현하기 위해 족보를 만듭니다. 하물며 하나님의 족보에 기록된 자들은 어떤 의미일

까요? 하나님께서 양자 된 우리에게 이 영원한 생명에 대한 복음을 맡기셨고, 우리는 이 복음을 다음 세대에게 넘겨줄 것입니다. 복음이 영원히 흘러가게 하는 것이 우리의 사명입니다.

"하늘과 땅의 모든 권세를 내게 주셨으니
그러므로 너희는 가서 모든 민족을 제자로 삼아
아버지와 아들과 성령의 이름으로 세례를 베풀고
내가 너희에게 분부한 모든 것을 가르쳐 지키게 하라
내가 세상 끝날까지 너희와 항상 함께 있으리라 하시니라"
(마 28:18하-20).

성령이 임하시면 권능을 받아서 펼칠 수 있습니다. 그래서 성령의 세례를 받아야 하는 것입니다. 아브라함-이삭-야곱-요셉이 장자들의 흐름입니다. 복음, 유업, 기업을 맡은 자들입니다. 우리도 이것들을 맡은 자들입니다. 그래서 우리는 아버지의 일을 펼쳐야 합니다.

아버지의 일이란 말씀의 씨를 뿌리는 일입니다. 내가 아비의 차원이 되면 우리는 말씀의 씨를 뿌리기 시작할 것입니다. 때를 얻든지, 못 얻든지, 듣든지, 아니 듣든지 씨를 뿌려야 합니다. 뿌린 씨들이 더러는 길가에, 더러는 돌짝에, 더러는 가시덤불에 떨어져 열매를 맺지 못할지라도 우리는 묵묵히 그 일을 해야 합니다. 그래도 더러는 옥토에 뿌려지는 씨도 있기에….

시편 23편, 탕자의 비유, 씨 뿌리는 비유, 마태복음 28장의 말씀으로 주님이 우리에게 부탁하신 사명 앞에 서 봅니다. 이 모든 것이 하나님 섭리의 나타남에 있는 것들입니다. 성령을 부어달라고 간절히 사모하며 모든 것을 지켜 그 흐름 앞에 설 수 있도록 주님께 기도해야 합니다.

섭리 7

고난

하나님의 섭리는 하나님의 관심사입니다.
하나님의 관심은 사람인 우리에게 있습니다.

하나님 아버지는 우리를 아들로 지으셨습니다. 아버지에게
최고의 관심은 아들입니다.

"오늘 내가 너를 낳았도다"(시 2:7하).

하나님께서 창조한 사람의 아들도 있지만 하나님으로 출발된
보내신 아들도 있습니다. 그가 예수님입니다. 성경은 창세기부
터 계시록까지 전부 예수님 이야기입니다.

예수님께서는 칠일 창조의 주관자이시고 일곱 절기의 주관자이십니다. 성막도, 성전도, 구약의 5대 제사도 모두 예수님 이야기입니다. 하나님께서 반드시 지키라 명하신 안식일, 안식년, 희년도 모두 예수님 이야기입니다.

하나님은 아들 예수를 통해 말씀이 육신이 되는 과정을 설명하셨습니다. 하나님이신 그분이 사람의 모습을 입고 이 땅에 오신 것이 성육신입니다. 이 사건은 인류 최대의 또 우주 전체에서 가장 중요한 사건입니다. 표현도 설명도 할 수 없는 이야기입니다. 하나님 본체의 형상이신 예수께서 언제, 어디서, 무엇을, 어떻게, 왜 이 땅에 오셔서 고난받으셨는지가 성경 전체의 핵심적인 이야기입니다.

하나님은 친자인 예수와 양자인 우리를 차별하지 않는 분이시기 때문에 그 사랑하심으로 당신의 아들을 기꺼이 희생하셨습니다. 그러므로 우리가 하나님의 아들이라는 흐름에 서기 위해서는 하나님의 맏아들 되시는 예수 그리스도를 본받아 그분의 남은 고난을 잠잠히 우리 육체에 채워야 합니다.

"그가 찔림은 우리의 허물 때문이요

그가 상함은 우리의 죄악 때문이라

그가 징계를 받으므로 우리는 평화를 누리고

그가 채찍에 맞으므로 우리는 나음을 받았도다"(사 53:5).

예수의 고난받으심을 표현한 말씀이 이제는 내 가슴을 가장 아프게 하는 말씀입니다. 그런데 나도 처음 예수를 믿을 때는 주님께서 나를 위해 십자가에 달리셨다는 말씀이 가슴으로 이해가 되지 않았습니다. 머리로는 이해했는데 내 마음에서는 울림이 없었습니다. 그러나 어느 날 오랜 시간이 걸려 깨달았습니다. 우리는 모두 호세아 선지자의 아내 고멜과 같은 음란한 여자라는걸…. 많은 믿는 자들이 주님이 내 죄 때문에 돌아가셨다는 사실을 머리로는 압니다. 그런데 그 사실을 마음으로 깨닫기까지가 얼마나 어려운지요.

이스라엘 전통적인 결혼에는 결혼식 후 첫날 밤을 신부의 집에서 보내고 다음 날 아침, 신랑이 신부 아버지에게 신부의 처녀성을 증명하는 흔적을 보여주어야 하는 풍습이 있습니다. 만일 그 아침에 신부의 처녀성을 입증하지 못하면 여자는 끌려 나가 그 자리에서 돌로 쳐 죽임을 당하게 됩니다. 어떤 이스라엘의 한 신랑이 신부와 결혼하고 첫날 밤을 보내었는데 아침이 되니 자신의 신부가 처녀가 아니었던 것을 알게 되었습니다. 처녀성의 흔적이 없었던 것입니다. 배신감이 크지만 그럼에도 신랑은 신부를 너무나 사랑하였기 때문에 신부를 살리고자 급히 자기의 옆구리를 찔러 피를 내서 흔적을 만들고 밖에서 기다리던 아버지께 그 증거를 보입니다. 아무도 모르게 사랑하는 신부의 허물을 신랑이 묵묵히 덮어준 것입니다.

그렇습니다. 이것이 바로 우리를 살리고자 하신 신랑되신 주님의 사랑입니다. 주님께서는 죽을 수 밖에 없는 나의 죄를 대신 처리하기 위해서 십자가에 달리시고 그 옆구리를 창에 찔리신 것입니다. 그 피로 우리가 구원받았습니다.

주님의 그 사랑, 십자가의 그 사랑이 내 가슴을 울렸을 때 이 시를 썼습니다.

내 평생을 태워도 다 태울 수 없는 그리움
내 평생 울어도 다 흘릴 수 없는 눈물
내 평생을 불러도 다 부를 수 없는 이름
하나님 아버지 …
내 평생 사랑한 사람보다 더 많이 불러본 이름
하나님 아버지 …

그의 찔림이, 그의 상함이, 그가 채찍에 맞은 것이 우리를 회복시키기 위해 사랑하는 주님이 조건 없이 겪으셨던 고난의 과정이라면, 우리도 당연히 그 고난의 과정을 겪으며 주님의 길을 묵묵히 따라가야 하는 것입니다. 이것이 죄인인 나를 사랑하셔서 목숨까지도 아낌없이 버리신 그분의 고귀한 사랑에 대한 마땅한 반응입니다. 고난은 정말 중요합니다. 그리고 고난이 나에게는 유익이기 때문에 예수님처럼 그리고 앞선 믿음의 선진들처럼 죽기까지 고난을 당하는 것입니다.

"나로 말미암아 너희를 욕하고 박해하고
거짓으로 너희를 거슬러 모든 악한 말을 할 때에는
너희에게 복이 있나니 기뻐하고 즐거워하라
하늘에서 너희의 상이 큼이라
너희 전에 있던 선지자들도 이같이 박해하였느니라"(마 5:11-12).

고난과 십자가는 연결되어 있습니다. 예수님은 수치, 멸시, 천대, 박해, 온갖 모진 것들을 받으시며 십자가에서 육체의 생명을 끝내셨습니다. 예수님께서 십자가에 달려 돌아가실 때 여러분은 어디에 있었습니까? 예전에 나는 몰랐습니다. 그때 나도 십자가에 달렸다는 것을요.

하나님의 섭리

"내가 그리스도와 함께 십자가에 못 박혔나니

그런즉 이제는 내가 사는 것이 아니요

오직 내 안에 그리스도께서 사시는 것이라

이제 내가 육체 가운데 사는 것은

나를 사랑하사 나를 위하여 자기 자신을 버리신

하나님의 아들을 믿는 믿음 안에서 사는 것이라"(갈 2:20).

그리스도로 살기 위해 죽어야 하는 것입니다. 내가 주님과 함께 십자가의 죽음을 겪고 살아가면 새로운 그리스도의 차원이 열립니다. 이 그리스도의 차원이 부활입니다. 부활은 최고로 높은 영광의 차원입니다. 전능하신 하나님의 권세와 능력을 입고 사탄의 사망 권세를 이기고 깨뜨리는 놀라운 차원입니다.

모든 사람은 아담 이후로 본질적인 죄인입니다. 그리고 죄가 있는 육체에는 사망이 역사하는 것이 하나님의 정한 이치입니다. 세상은 이 죄의 굴레 속에 있는 모든 사람을 어떻게든 죄를 처리하지 못하게 하고 죽이고 멸망시키기 위해 사탄이 역사하고 있는 장소입니다. 예수님께서는 이 사탄의 때를 끝내기 위해 이 땅에 오신 것입니다. 사탄이 예수가 이 땅에 오심을 얼마나 두려워하였냐면, 헤롯대왕을 통해 예수가 탄생한 그해에 태어난 두 살 미만의 모든 남자아이를 죽여버렸습니다. 어떻게 해서든지 하나님의 택한 사람을 없애고 하나님의 심판을 피하려는 사탄의 궤계였습니다. 그런데 결국 사탄은 죄 없는 사람, 예수를 십자가에 못 박아 죽임으로써 죄 있는 사람만 사망에 이르게 하는 하나님의 정한 법을 깨고 불법을 행하였습니다. 사탄 스스로가 자신이 하나님께 심판받을 불법자인 것을 증명한 것입니다.

그리고 예수께서는 전능하신 하나님으로서 육을 가진 사람으로서는 절대 깰 수 없는 사망 권세를 깨고 다시 살아나셨습니다. 이로써 모든 이름이 예수 이름의 그 권세와 능력 앞에 무릎 꿇고 떨며 경배하는 것입니다.

십자가의 고난은 하나님의 아들들이 성장하고 성숙하기 위해 받는 훈련이며 내가 그분의 아들이라면 반드시 겪어야 하는 과정입니다. 다른 표현으로 예수와 내가 하나가 되는 과정입니다. 믿는 자는 처음에는 하나님의 전적인 은혜로 거듭나고 자녀로서 양육됩니다. 그리고 청년의 때가 되어 그 육체와 싸워 이기면서 또 말씀에 목 베임을 당하며 아비의 차원으로 장성해져 갑니다. 초보가 광야에서 거듭나면 끝이 아니라 성장하니 가나안에 들어가서 내 심령의 일곱 족속과 싸우는 전쟁을 치러야 하는 것입니다. 그리고 십자가의 고난으로 나를 다스리고 점령하며 최후 승리가 있기까지 싸우는 것입니다. 이 전쟁을 제대로 치러 낸 이들이 예수 그리스도에 대해서는 산 자가 되고, 세상에 대해서는 죽은 자가 됩니다. 이는 세상에 대해서는 모든 것을 버리는 과정입니다. 죄에 대하여 죽는 것입니다. 이 모든 것이 창세 전에 이미 하나님의 섭리 안에 예정되어 있었습니다.

십자가의 죽음. 예수와 내가 함께 죽는 체험 후에야 부활과 생명의 차원이 열립니다. 부활은 다른 차원의 펼침입니다. 그리고 부활 다음은 승천입니다. 주님이 직접 오셔서 친히 보여주셨습니다. 예수님께서 부활 승천하시고 나서 이 땅의 제자들에게 성령이 임하고 교회가 탄생하면서 하늘에는 우리가 살아갈 처소, 새 예루살렘성이 세워지는 일들이 시작되었습니다.

"가서 너희를 위하여 거처를 예비하면
내가 다시 와서 너희를 내게로 영접하여
나 있는 곳에 너희도 있게 하리라"(요 14:3).

이것이 예수 그리스도 승천의 의미입니다. 하늘에서 새 예루살렘이 지어지는 과정입니다.

"또 내가 보매

거룩한 성 새 예루살렘이 하나님께로부터 하늘에서 내려오니

그 준비한 것이 신부가 남편을 위하여 단장한 것 같더라"(계 21:2).

새 예루살렘성이 다 지어지면 주님이 신부를 데리러 오십니다. 내가 이 땅에 살면서 예수 그리스도로 칠일 창조, 성막, 5대 제사, 일곱 절기의 모든 과정을 십자가의 고난과 부활, 승천으로서 하나하나를 삶으로 겪어내야 합니다. 이것은 신랑과 신부가 연합하듯이 내가 주님과 하나 됨을 이루어가는 것입니다. 주와 하나 되기 위해서 나는 죽어야만 합니다. 죽지 않으면 부활은 없습니다. 그리고 부활이 없으면 승천도 있을 수 없습니다.

사실은 상상조차 하기 어려운 일입니다. 특히 우리나라에서는 재림과 휴거를 말하면 이단으로 치부하기 십상입니다. 재림이나 휴거는 참 아름다운 말인데도 말입니다. 계시록이 어려워서 말을 못하는 것이 아니라 우리가 준비하지 못하도록 말씀을 보는 시각을 왜곡해 버린 사탄의 비밀 계략, 궤계가 통한 것입니다.

아직 예수를 구주로 영접하지 못한 이스라엘도 그들의 결혼

식 풍습 속에 최후의 만찬과 휴거의 모습을 모형적으로 두어 이 천여 년을 지키고 있습니다. 유대인들은 결혼식을 낮이 아니라 밤에 합니다. 한밤중에 신랑의 들러리들이 뿔나팔을 불며 신부 집에 신랑이 왔음을 알리면서 혼인 잔치를 시작합니다. 그들은 마지막 때 메시아가 오셔서 베푸실 혼인 잔치에 참여하기 위한 교훈으로 삶에서 끊임없이 율법의 예행연습을 반복하며 철저하게 가르칩니다. 예수를 모르는데도 이렇게 하나님의 섭리 아래 주님의 재림을 준비하고 있으니 참으로 놀라운 일입니다. 이들에게도 곧 복음이 전파될 것입니다.

지금은 시기적으로, 시대적으로 정말 성경에 묘사된 마지막 때, 재림의 때와 흡사합니다. 전 세계가 이상기온으로 난리입니다. 또 곳곳에 전쟁과 기근과 난리의 소식들이 있습니다. 세상 사람들조차 말세라고 말하며 우려하는 상황에 있습니다. 그러나 많은 교회들이 이상하게도 마지막 때, 재림의 때를 가르치지 않습니다. 정말 너무나 안타깝고 답답한 현실입니다.

특히 자식을 가진 부모라면 더욱더 하나님 때에 대해 철저히 준비하여 가르치십시오. 우리는 성육신, 고난, 죽음, 십자가, 부활, 승천, 재림, 새 예루살렘이라는 일곱 가지 말씀의 기준들을 가지고 자기 자신을 점검하며 언제든지 복음을 전할 준비를 해야 합니다.

고난을 두려워하지 마십시오.

오늘 나에게 주어진 고난은 하나님의 섭리입니다.

양자

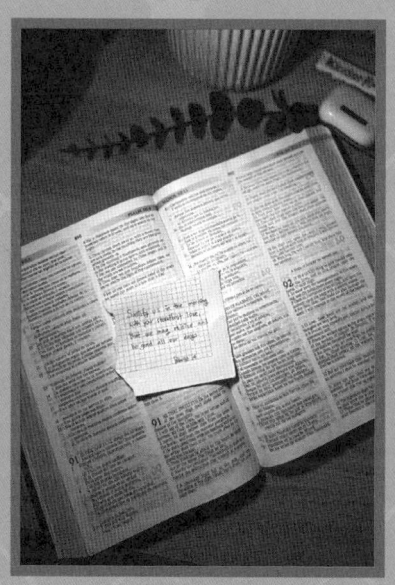

"너희는 다시 무서워하는 종의 영을 받지 아니하고
양자의 영을 받았으므로
우리가 아빠 아버지라고 부르짖느니라"(롬 8:15).

사도 바울은 로마서 8장에서 '양자의 영'에 대해 선포합니다.

로마서 1장부터 7장까지는 죄의 종으로 살아가는 우리의 처지를 말씀하였다면, 8장부터는 주님 안에서 '죄와 사망의 법'에서 '생명의 성령의 법'으로 해방된 자유자에 대해 말씀합니다.

"이는 그리스도 예수 안에 있는 생명의 성령의 법이
죄와 사망의 법에서 너를 해방하였음이라"(롬 8:2).

하나님의 섭리

성령이 무엇입니까?

성령은 살아계신 하나님의 영, 생명의 영입니다. 그래서 성령과 생명은 사실 같은 의미입니다. 성령을 받은 자는 하나님의 생명을 얻은 것이기 때문입니다. 그리고 성령은 하나님 아버지를 이루는 원리입니다.

이해하기 쉽게, 성령은 하나님의 DNA(유전인자)라고 표현할 수 있습니다. 아버지의 DNA를 그대로 물려받아 태어난 존재를 자녀라고 합니다. 아들입니다. 이처럼 하나님의 DNA, 성령을 가지고 태어난 사람, 곧 성부 하나님께서 아버지 자신을 가장 정확하게 표현하신 존재가 성자이신 아들 예수입니다. 믿는 우리도 성령을 통해 성부 하나님의 DNA를 받았습니다. 성령을 받아 마귀 자녀에서 다시 하나님의 아들이 된, 양자들입니다. 그러므로 우리가 성령, 곧 양자의 영을 받았다면 우리가 하나님의 맏아들이신 주님과 형제이며, 하나님의 아들들이라고 불릴 수 있는 것입니다.

성경은 어린 자녀를 몽학선생 아래 있는 자, 후견인과 청지기 아래 있는, 다시 말해 자신의 권리를 전혀 행사할 수 없는 종과 같이 표현합니다. 종의 영은 율법에 매이게 합니다. 율법을 두려워하게 합니다. 종은 본인 마음대로 할 수 없기에 늘 불편하고 항시 누군가의 통치와 다스림 속에 있어야 합니다. 그래서 종으로 살면 아무리 수고해도 내 것이 없고 만족과 안식이 없습니다.

주님께서는 마태복음 11장에서 세례 요한을 가리켜 "여자가 낳은 자 중에 그보다 큰 이가 없으나 천국에서는 가장 작은 자"라고 말씀하셨습니다. 왜냐하면 요한은 예수의 십자가를 통과한 자가 아니고 구약의 율법에 속한 자였기 때문입니다. 아무리 세례 요한이 주님 오심의 길을 예비한 자로 선지자보다 낫고 하나님의 사람 모세보다 큰 자일지라도 십자가와 부활로 예수를 통과하지 않은 사람이기 때문에 그는 양자 되지 못한 하나님의 종일 뿐이라는 뜻입니다.

종이었던 우리는 예수 십자가를 통과하므로 양자의 영을 받아서 하나님의 양자가 되었습니다. 그럼에도 양아들로서 하나님 아버지의 기업을 무를 자격(상속자)을 얻기까지는 반드시 겪어야 하는 과정이 있습니다. 이는 예수 그리스도의 장성한 분량이 충만한 데까지 이르라고 하신 명령을 수행하는 것과 같습니다(엡 4:13). 성장·성숙의 개념과 상속자로서의 권리의 개념은 맞물려 있기 때문입니다. 양자도 상속자이나 어린아이로부터 장성하여 성인이 되었을 때에야 자기의 권리를 누리며 자기의 생각을 펼칠 수 있는 것입니다. 그리고 상속자의 합당한 자격으로서 제대로 된 안식과 누림이 있으며, 아버지로부터 받은 권세와 능력을 행하는 것입니다.

나도 내 인생에서 가장 절망적인 상황 속에 있었을 때 주님께서는 비로소 이 모든 것이 하나님께서 나를 양자 삼기 위해 부르신 하나님의 섭리라는 것을 깨닫게 해주셨습니다. 그 엄청난 감격은 느껴본 사람만이 압니다. 하나님께서 양자 삼으신 나를 세상에 다시 빠져들지 않게 하시려고, 사탄에게 빼앗기지 않으시려고 부족한 나를 더 연약하게 하시고 더 가난하게 하셨다는 사실을 이제는 확실히 믿습니다. 지난날의 나의 시간이, 살아온 내 인생길이 말할 수 없이 비참하고 고통스러웠을지라도 그 고난의 섭리로 인해 오늘 내가 인내와 겸손을 배웠으며, 오늘 내가 무엇과도 타협하지 않고 갈 수 있게 하셨습니다. 그러한 하나님께 지금 이 순간, 그리고 앞으로도 너무나 감사할 뿐입니다. 늘 주님께 감사드립니다.

은혜와 진리의 말씀을 통해 내가 살아온 날들이 주님의 한량없는 용서하심과 보혈의 덮음을 입는 것이 하나님의 섭리입니다. 이는 '생명의 성령의 법'이 죄와 사망의 법의 정죄에서 나를 어떻게 해방하셨는지 깨닫는 것입니다. 그 뒤로 내 인생은 덤으로 사는 것이고 은혜로 사는 것입니다. 그러므로 우리는 주님 안에서 항상 기뻐할 수밖에 없고 감사할 수밖에 없고 무시로 깨어 기도할 수밖에 없는 것입니다.

이러한 자들의 삶을 로마서 12장은 '산 제사'라고 표현합니다. 삶은 주님으로 생명을 얻고 살아가는 자들이 하나님께 드리는 예배입니다.

> "그러므로 형제들아
> 내가 하나님의 모든 자비하심으로 너희를 권하노니
> 너희 몸을 하나님이 기뻐하시는 거룩한 산 제사로 드리라
> 이는 너희의 드릴 영적 예배니라"(롬 12:1, 개역한글).

우리 교회는 평신도 선교사를 키우고 훈련시키는 교회입니다. 특히 전교인의 절반이 청년들인데 그들 모두 짧게는 10년, 길게는 20여 년을 함께 살아오며 훈련해 온 이들입니다. 이제는 가정을 이룬 청년들도 있고 새로운 청년들이 모이기도 하는데 다들 열방을 기도하고 하나님의 부르심의 때를 기다리며 열심히 자신들의 사역을 준비하고 있습니다. 그리고 교회의 시작부

터 나는 담임목사님을 모시고 권사님 몇 분, 그리고 여러 청년들과 함께 틈틈이 많은 나라를 다니며 선교 훈련에 참여하였고 가는 곳마다 땅 밟기를 하며 열심히 기도해 왔습니다.

또 우리 교회는 어느 나라, 어떤 땅에 가든지 거의 매일 모여서 예배를 드립니다. 우리 교회에 소속된 교인이라면 국내든 해외든 어디를 가든지 그곳에서 무릎 꿇고 단을 쌓는 것입니다. 언제든지 예배하며 우리가 밟는 땅마다 주님의 복음이 회복되고 성령이 다시 부어지기를 야곱과 같이 기도합니다.

"언약의 하나님! 이곳에 예배하며 약속의 돌비를 세우니 돌기둥에 기름 부어주소서!"

누군가에게는 인생을 정리할 나이일지도 모르는 70대인 내가 40개국 이상의 많은 나라를 다니며 땅 밟기를 하고 단을 쌓고 기도하며 해온 그동안의 선교 훈련들은 체력적으로나, 물질적으로 결코 쉽지 않았습니다. 지치고 어렵고 시간조차도 내 편이 아닌 것 같이 느껴질 때도 많았습니다. 때로는 이 길이 나에게 너무 무모한 도전들이 아닌가, 또 쏟아붓는 모든 것이 내 생명의 불꽃을 태우는 것 같아 포기하고 싶기도 하였습니다. 그러나 내 자신이 열방에 복음을 전하는 교회의 사명에 밑거름이 되기 위해 또 그분의 훈련에 통과된 만큼 하나님께서 우리 교회를 통해서 일하실 것을 믿는 믿음 하나로 정말 힘겹게 여기까지 왔습니다.

"저는 가난해도 괜찮고 핍박이 와도 괜찮아요. 주님 부르신 곳이 이곳이라면 내가 여기서 예배의 단을 쌓다가 죽을지라도 감사합니다."

눈물로 기도로 순종으로 그 자리를 지금껏 지켜냈습니다. 주님의 전적인 은혜입니다.

내가 걸어갈 때 길이 되고 살아갈 때 삶이 되는
그곳에서 예배하네
부르신 곳에서 나는 예배하네
어떤 상황에도 나는 예배하네
(마커스워십 "부르신 곳에서" 가사 중)

나는 우리 교회 청년들이 그 옛 모라비안의 교도들처럼 훈련 받은 대로 세계 곳곳에서 복음을 전하다가 그곳에 뼈를 묻을 것을 믿습니다. 그것이 그분의 부르심을 받은 자가 가야만 할 길이고, 이 땅에 태어난 한 인생으로서도 최고의 복이기 때문입니다.

육체가 힘들고 고통스럽고, 절망적인 상황이 나를 짓누르고 있을지라도 부르신 곳에서 예배합니다. 내가 걸어갈 때 길이 되고 살아갈 때 삶이 되는 것을 믿어 의심치 않습니다. 우리가 살아가는 삶 전체가 하나님의 부르심을 위한 길이고 부르심에 합당하게 살아야 할 삶이기 때문에 나는 감사할 수밖에 없고 있는 그 자리에서 기뻐할 수밖에 없습니다. 이제야 삶이 예배인 것이 양자의 영을 받은 아들의 삶인 것을 깨닫습니다.

나에게는 죽음을 통과하신 예수 그리스도 보혈의 복음이 너무나 따뜻하고 행복하게 느껴집니다. 예수님께서 우리 죄를 다 담당하시므로 우리는 자유자가 된 것입니다. 이 자유함이 내게는 어린아이가 하늘 향해 두 팔 벌려 폴짝폴짝 뛰는 것 같은 행복입니다. 머리가 하얗게 센 할머니가 되어서야 이 행복을 가슴으로 느끼니 감사함의 눈물이 흘러내립니다. 그분의 따스한 사랑이 머리에서 가슴까지 오는 데 몇십 년이 걸렸는지 모르겠습니다.

양자의 영은 대속의 영입니다. 한 알의 밀알이 땅에 떨어져 죽어야만 열매를 볼 수 있듯이 예수님이 우리를 위하여 대신 죽으심으로 우리를 살리시고 양자 삼으셨습니다.

또 다른 표현으로 하면 우리는 하나님께서 예수님의 생명을 값으로 치르고 사신 양자들이기 때문에 우리도 예수님처럼 가치 있는 인생을 살아야 하는 것입니다. 우리 각자가 하나님이 엄청난 값을 치르고 사서 이 땅에 심으신 한 알 한 알의 밀알인 것입니다. 우리의 가치가 하나님 아버지께 얼마나 소중한 존재인지 꼭 생각해 보시길 바랍니다.

그래서 우리의 생명을 다시 하나님께 온전히 돌려드리는 순교는 최고의 복입니다. 예수 그리스도의 죽음을 내 영혼과 육체의 존재로서 표현하기 때문입니다.

씨앗은 싹을 내기 위해 껍질을 벗는다.
꽃은 열매를 맺기 위해 꽃을 떨군다.
열매는 씨앗이 되기 위해 스스로 썩는다.
애벌레는 나비가 되기 위해 자기 죽은 무덤을 비단으로 남긴다.
죽은 자만이 산다.

하나님의 섭리

양자의 영은 나를 하나님의 가족이 되게 합니다. 하나님의 가족이 된다는 것은 최고의 기쁨입니다. 아버지라는 이름 속에 모든 것을 해결하고 처리하는 권세가 있습니다. 그래서 양자의 영이 내 안에 오시는 것이 아버지의 권세가 나에게 임하는 최상의 은혜입니다.

양자의 영 속에는 사랑이 있습니다. 하나님의 사랑은 반역한 자들도 아무 조건 없이 아들의 지위를 회복시켜 주시려는 변함 없으신 사랑입니다. 아담과 하와가 범죄하여 숨어 있을 때에도 "아담아 네가 어디 있느냐?"라고 먼저 아담을 찾아가시는 분이 하나님이십니다. 이것이 아버지의 사랑입니다.

그럼에도 당신과 본체이신 아들 예수가 십자가에 달려 "아버지 어찌하여 나를 버리셨나이까?" 할 때에는 하나님 아버지는 아무 말씀도 하지 않으십니다. 세상의 아비라면 상황 파악 안 되는 양자보다 죽어가는 친자를 향해 달려갔을 것입니다. 그러나 하나님 아버지께서는 자기 백성과의 언약을 지키고 죽어가는 무수한 생명들을 대속하기 위한 더 큰 사랑의 차원을 이루기 위해서 가슴이 찢어지는 고통을 느끼시면서도 움직이지 않고 견디십니다.

이스라엘 풍습에 자식이 먼저 죽으면 아버지는 옷을 찢는다고 합니다. 십자가에서 예수님의 숨이 끊어지는 순간 지성소의 휘장이 위에서부터 아래로 찢어졌습니다. 하나님 아버지의 마음이 찢어진 표현입니다. 엄청난 무게와 두께의 휘장이 위에서부터 아래로 찢어진 것은 하나님이 직접 하신 일이 아니고서는 설명할 수 없습니다.

말로는 표현할 수 없는 하나님 아버지의 사랑을 우리 가슴으로 느껴야 합니다. 나야말로 전문 작가도 아니고 글 쓰는 재주도 별로 없는 평범한 할머니입니다. 그렇지만 내가 하나님의 섭리와 그 속에 담긴 크신 사랑을 직접 경험하면서 느낀 감동을 전하고자 이 펜을 들었습니다.

나도 자식을 둘 낳은 부모이지만, 사랑하다 못해 마음이 찢어져 버린 아버지의 사랑을 내가 감히 어떻게 표현할 수 있겠습니까? 이 사랑 앞에서 그저 하나님 아버지의 이름만을 잠잠히 불러봅니다.

"우리가 아직 죄인 되었을 때에
그리스도께서 우리를 위하여 죽으심으로
하나님께서 우리에 대한 자기의 사랑을 확증하셨느니라"(롬 5:8).

부모는 자식들이 장성하면 참 든든함을 느낍니다. 자식들이 집안의 대소사를 책임지고 맡아주면 부모로서 더할 나위 없는 기쁨을 느낍니다. 하나님께서도 우리가 아들들로서 그분의 뜻을 이루기 위하여 고난에 동참하고 그 고난받는 것을 즐거이 여기면 아버지 마음이 얼마나 기쁘실까요?

내가 하나님께로 생명을 얻었기 때문에 나는 어떤 고난이라도 기쁘게, 즐겁게 갈 수 있습니다. 하나님 나라의 완성을 이룰 수 있다면 내가 어떻게 되어도 상관없습니다. 우리는 살아도 주를 위해 살고 죽어도 주를 위해 죽나니 사나 죽으나 주님의 것입니다. 우리가 이러한 믿음의 삶을 살 때 아버지가 나로 인하여 기쁨을 이기지 못하십니다. 바울과 스데반과 요한이 그렇게 살았습니다.

주님, 저를 양자 삼아주심을 감사드립니다.
갚을 길이 없어 눈물로 답합니다.

주님을 만난 것이 눈물나게 감사하고
이 나이에도 주의 일을 하고 있으니 기쁨이 넘칩니다.
저는 주를 떠나서는 정말 살 수 없습니다.

죄와 회개

아담은 하나님께서 지으신 순전하고 거룩하고 아름다운 에덴 동산에서 살았습니다. 하나님께서는 그 땅에 보기에도 아름답고 먹기에 좋은 나무를 나게 하시고 아담으로 하여금 그것을 다스리고 지키게 하셨습니다. 그런데 동산 가운데에는 선악을 알게 하는 나무가 있었습니다.

어린아이들도 다 아는 선악과 이야기입니다. 그런데 아담과 하와가 사탄의 유혹에 넘어가서 선악과를 먹습니다. "반드시 죽

하나님의 섭리

으리라"고 하신 하나님 말씀을 하와가 "죽을까 하노라"로 살짝 바꾸어서 먹어버립니다. 걱정 근심이 없던 그들 속에 죄가 들어가니 하나님께서 제한 없이 허락하신 삶의 모든 풍요와 안식이 다 무너져 버렸습니다.

죄의 삯은 사망입니다. 삼손이 머리카락이 잘리니 아무 힘을 못 쓰는 것과 마찬가지로 우리 속에 죄가 있으면 하나님의 거룩한 역사 앞에서 우리 존재가 무력해집니다.

아담이 하나님과 동행하던 최고의 자리에서 음부의 사망에까지 떨어지면서 죄가 얼마나 비참한 것인지 알게 됩니다. 축복과 저주를 동시에 보게 됩니다. 첫째 아들이 둘째 아들을 죽이는 모습을 직접 눈으로 봅니다. 아담이 에덴에서 쫓겨나서 땀을 흘리고 수고할 때 에덴이 정말 그리웠을 것입니다. 아담은 최고의 차원을 보고 경험한 사람이기도 하지만 지은 죄로 인해 사망이라는 가장 낮은 차원으로 떨어집니다. 그의 삶 속에서는 가시와 엉겅퀴만이 납니다. 그가 얼마나 하나님 앞에서 가슴을 치며 회개하였을까요?

주님은 이런 아담을 회복하시기 위해 가죽옷을 지어 입히십니다. 그리스도로 옷 입히시는 것입니다. 이것이 에덴의 회복입니다. 우리에게도 그렇게 하셨습니다. 하나님의 약속된 결론이 바로 새 예루살렘입니다. 회개의 끝은 결국 새 예루살렘입니다.

죄! 어차피 우리는 죄인입니다. 하나님의 섭리를 안다면 나의 지난날들이 비록 죄투성이 일지라도 회개하며 살아가면 되는 것입니다. 하나님께서는 죄로 인해 우리 삶의 모든 것이 무너졌을지라도 회개 하나로 다시 회복되는 은혜를 주셨습니다. 그런데도 우리는 하나님을 믿지 못합니다. 여전히 자기 과거에 매여 꼼짝달싹 못합니다. 내가 어떤 모습으로 살았던지, 길가에 창녀였던지, 조폭이었던지, 도둑이었던지. 아무리 더럽고 사악하게 살았더라도 어디까지나 과거입니다.

회개하면 됩니다. 지금 내가 예수를 알고 믿고 있다면 나는 하나님의 자녀이며 주님의 배필입니다. 이 언약을 믿고 가야 합니다. 과거의 기억은 씻어야 합니다. 기억이 올라올 때마다 "그건 내가 아니에요. 내 과거의 삶이었어요. 지금 나는 그렇지 않아요" 하며 예수의 이름으로 과거를 지워가야 합니다. 그런데 흔히 과거의 모습이 나의 전부인 줄 착각하고 번번이 주저앉아 버립니다. '나는 언제나 그래. 이게 나의 한계야.', '나는 가난하고 무능력하고 너무 죄가 많아.', '나는 구제불능이야.' 우리 속에서 올라오는 이런 생각들이 우리를 죽이려는 사탄의 참소입니다.

이런 참소와 상관없이 가야 합니다. 상관없이 가는 것이 믿음입니다. 내 죄를 내 입으로 시인하고 회개하면 처리됩니다. 과거를 처리하면서 나의 쓴 뿌리들을 뽑아내십시오. 세상을 바라보지 않고, 누가 무슨 말을 하든지 나는 주님이 나에게 허락하신 나의 길을 뚫고 가는 것입니다. 내가 정상의 자리에 서기 위해 못할 것이 무엇입니까?

나에게서 이 믿음의 고백이 드려지지 못하는 것은 하나님에 대해 모르기 때문이고, 스스로가 죄와 인생의 과거에 매여서 무력하기 때문입니다.

하나님께 물으면 늘 응답받는 어떤 권사님이 있었습니다. 어느 목사님이 본인이 과거에 지은 죄들 때문에 늘 불안함에 시달리시다가 그 권사님에게 하나님께 자기 죄가 무엇인지를 물어봐달라고 부탁했답니다.

다음 날 목사님이 두려운 마음으로 "주님이 뭐라고 하십니까?"라고 물었습니다. 그랬더니 그 권사님이 "주님께서는 회개한 것에 대해서는 '나는 기억하지 않는다'라고 하셨습니다"라고 대답했다고 합니다.

주님은 한 번 회개한 일에 대해 다시 기억하지 않으십니다. 회개란 이런 것입니다. 회개하면 되는 것입니다. 내가 믿음을 드리기 위해 가장 중요한 것이 회개입니다. 회개해야 믿음에 이를 수 있습니다. 회개란 우리 마음속에 성령이 감동을 주셔야 할 수 있지만 스스로가 먼저 회개하기를 선택하고 결정해야 하는 것입니다.

> "이르시되 때가 찼고 하나님의 나라가 가까이 왔으니
> 회개하고 복음을 믿으라 하시더라"(막 1:15).

회개는 자기 잘못을 인정하고 고백하며 삶을 돌이키는 행위입니다. 하나님의 말씀을 듣고 내가 잘못 살아온 것을 스스로 자복하는 것입니다. 강제로 회개시킬 수는 없습니다. 자원하여 회개하는 것입니다. 회개하고 주님의 뜻을 위해 나아가는 것입니다. 그리고 다시는 그 잘못을 반복하여 저지르지 않는 것입니다.

주님,
은혜를 주시고 성령으로 역사하사
죄가 처리되어 새롭게 하옵소서.
죄로 얼룩져 답이 없는 저희의 모든 상황을

하나님의 섭리

주께서 주관하여 주시옵소서.

무엇을 회개해야 할지도 모르는

미련한 저희를 불쌍히 여겨 주옵소서.

죄에 대해 그때그때 회개하게 하시며

아담에게 입혀주신 가죽옷이 제게도 입혀지게 하옵소서.

삶의 회복과 성령의 역사가 있도록 도와주옵소서.

하나님의 섭리 속에 진리를 보고 기뻐하게 하옵소서.

아멘!

회개는 부흥을 일으킵니다. 1904년 영국 웨일즈의 부흥으로
시작되어 미국 아주사 거리의 부흥, 1907년 한국의 평양 대부흥
으로 이어졌던 복음 운동과 성령의 물결에 대해 많은 분이 알고
계실 것입니다. 하지만 지금은 영국을 비롯한 유럽의 대다수 교
회가 생명력을 잃었습니다. 유럽의 곳곳을 다녀보니 교회 수 자
체도 적을뿐더러, 많은 교회가 술집이나 유흥을 위한 건물로 변
모되었고 심지어 주일날에도 문을 열지 않는 교회들도 많았습
니다. 복음의 시작지였으며 국교가 기독교인 나라들도 많은 유
럽 땅에서 기이할 정도로 쇠잔해진 복음의 흐름, 사람은 없고

낡은 십자가만 남은 교회들을 볼 때마다 내 마음은 너무 안타까웠고 그리스도인으로서 한없는 책임감이 느껴졌습니다.

우리 교회는 목사님과 전 교인이 열방 선교를 한마음으로 기도하면서, 특별히 유럽 교회의 '첫사랑 회복'을 위해서 열심히 기도하고 있습니다. 유럽에서 파송된 수많은 선교사의 목숨을 건 희생 덕분에 우리나라에 예수 그리스도의 복음이 뿌리내렸기에 그 사랑에 대해 마음의 빚을 지고 있기 때문입니다.

특히 작년에는 주님께서 우리 교회에 감동을 주셔서 영국 웨일즈의 재부흥을 놓고 중보하게 하셨습니다. 그리고 직접 단기 선교팀을 조직하여 영국 웨일즈에 갔습니다.

함께 예배하고 기도하며 웨일즈 시내의 한 거리를 지날 때였습니다. 한 영국 신사분이 우리를 보고 갑자기 말을 건넸습니다. 이런저런 이야기를 나누다가 우리에게 왜 이곳에 왔냐고 묻길래 "우리는 웨일즈의 새로운 부흥을 위해 기도하러 왔습니다"라고 답했습니다. 비록 서로 언어가 잘 통하지 않았음에도 눈을 마주친 그 순간 그분의 마음과 우리 일행의 마음을 통하게 하시는 성령의 감동을 나를 비롯해 그 자리에 함께 있던 모두가 분명히 느꼈습니다. 우리의 대답을 듣자마자 그분의 눈에는 눈물이 고였습니다. 자신을 전직 교사라고 소개하면서 주머니에서 꺼내 주는 명함에는 요한복음 성경 한 구절이 적혀 있었습니다. 그리고 자신과 같은 사람들이 같은 마음으로 모여 기도하고 있다며 우리에게 이곳을 다시 방문할 때 연락하라는 말을 하였습니다.

한때 오순절 성령의 불길이 가장 뜨겁게 타오르던 곳이었으나 이제는 폐허가 된 옛 복음의 도시 웨일즈에서 성령을 구하며 외로이 기도하고 있는 사람들이 있었습니다. 꺼져가는 불길 속에 한 가닥 남은 성령의 불씨와 같이…, 하나님의 은혜로 택하심을 따라 남은 자들이 있었습니다. 그 만남을 계기로 우리는 열방 선교를 향한 간절한 소망이 더욱 강렬해짐을 느꼈습니다.

과거 웨일즈의 부흥은 하루아침에 일어난 것이 아닙니다. 1900년대, 이반 로버츠라는 한 청년이 매일 밤 청년들과 함께 웨일즈의 부흥을 위해 10년간 기도 모임을 가졌습니다. 그날도 여느 때와 다름없이 웨일즈의 모리아 교회에서 이반과 동료들이 기도 모임을 하는데 갑자기 성령의 강력한 임재를 참석한 모두가 느끼기 시작합니다. 이것이 그 유명한 1904년 웨일즈 부흥의 시작입니다. 그들이 일으킨 부흥이 어찌나 강력했는지, 그 성령의 임재가 계속 퍼져나가 회개 운동이 일어났고 그 당시 근처 공장 근로자들이 공장의 물건들을 훔쳐갔던 죄를 회개한 뒤다시 들고 온 것이 큰 창고를 몇 개나 채울 정도로 많았다고 합니다. 성령의 임재는 도시 전체에까지 퍼져 온 도시에 영적 대각성을 일으켰고 술집, 사창가가 다 문을 닫고 폭력이나 강도 사건들도 사라져서 경찰이 할 일이 없을 정도였다고 합니다. 부흥을 통해 회개하니 성령과 연합하여 이웃 사랑, 하나님 사랑이 펼쳐진 것입니다.

하나님께서는 세상의 기준으로는 너무 평범해 보이는 이들임에도, 그들을 택하셔서 10여 년이란 긴 세월을 쉬지 않고 기도하게 하시고 때가 되니 그곳에서부터 전 세계 부흥의 불길을 일으키셨습니다. 그 불이 웨일즈 뿐만 아니라 세계 곳곳으로 번져서 수많은 생명이 주님께 돌아오고 그들의 삶이 회복되었습니다. 빛의 권세가 어둠을 이긴 것입니다. 사도행전의 오순절 성령 역사와 같이 성령 받고 예수 믿는 자가 날로 더해가는 역사가 그들에게 일어난 것입니다. 하나님의 은혜 속에 회개의 역사가 강력해지니 자연스럽게 하나님, 이웃과 화평을 이루고 법이 필요 없는 놀라운 일이 생깁니다. 하나님께서는 그들에게 성령의 임재와 권세를 경험하게 하셨습니다.

그러나 이 놀라운 역사가 무색하게도 이번에 방문했던 웨일즈는 성령이 지나간 흔적만이 교회 건물로 남아 있는 어둠의 도시였습니다. 보이는 어둠을 말하는 것이 아니라 영적인 어두움입니다. 그들이 그토록 뜨겁게 기도했다던 교회의 문은 굳게 닫혀 있었습니다. 너무나도 믿는 자들의 회개와 영적 각성이 필요한 때입니다.

앞으로의 시대가 그렇습니다. 과거 부흥의 영광은 지나갔습니다. 이제 다시 우리가 부흥의 불씨가 되어야 합니다. 작은 불꽃 하나가 큰불을 일으키듯이 웨일즈뿐만 아니라 오대양 육대주에 부흥의 찬양이 울려 퍼지기를 기도해야 합니다.

다만 지금 우리가 기도하는 부흥은 몇백만 명이 하루아침에 회개하고 돌아오는 화려하고 거창한 부흥이 아닙니다. 남은 하나님의 사람들을 통해, 마지막 때를 앞두고 주님께서 돌아오기를 애타게 기다리시는 잃어버린 양들을 향한 회복의 부흥입니다. 이스라엘도 여기에 포함됩니다. 그리고 열방 곳곳에 숨어서 주님의 오심을 기다리며 성령의 충만함을 간절히 사모하는 모든 교회와 믿는 자들을 주님의 신부로 준비시키는 일입니다.

나는 늘 하나님 나라의 완성을 위해 꿈꾸고 있습니다. 우리 모두의 분명한 목적이며 사명입니다. 우리 교회는 이런 가슴이 움직이는 자들이 모여 있는 곳입니다. 하나님의 영광을 펼쳐 내기 위해서 기도하며 열방을 향한 꿈을 한 번도 접어본 적이 없는 성도들입니다.

한 사람의 회개가 인류의 역사를 바꾸는 하나님의 권능을 봅니다. 예수님의 십자가 사건 또한 한날에 이루어졌습니다. 삼손이 생의 마지막 하루에 한 일이 그의 평생 했던 일들보다 더 컸더라는 말씀 속에 그의 존재가, 그가 살아왔던 모든 것이 그 한날에 다 녹아져 있음을 봅니다. 그리고 나도 그 한날을 이루기를 사모하고 기도할 뿐입니다.

'주님! 영국 웨일즈에서, 독일의 헤른후트에서, 유럽 곳곳에서, 우리나라의 숨겨진 교회들에서, 그리고 나라는 작은 자에게서도 그 영광의 한날이 이루어지게 하소서!'

순간순간 회개할 수 있는 마음을 주시는 것이
삶에서 경건을 연습하게 하시는
하나님의 아름다운 섭리입니다.

섭리 10

말

청년 때의 실수는
아름다운 노년을 위해서 주님이 주시는 복과도 같습니다.

성공한 인생을 살고자 하는 사람에게 인간관계를 넓히기 위한 노력은 중요합니다. 그러나 진정한 성공을 위해서는 때로는 관계를 정리하며 정말 가치 있는 것에 내 인생을 투자할 필요가 있습니다. 가치 있는 사람들과 함께하며 그 흐름을 따라가는 것은 매우 중요한 일이며, 그 핵심은 바로 하나님과 나와의 관계입니다.

우리는 하나님의 가치와 차원, 그리고 하나님과 관계를 맺

하나님의 섭리

는 법을 어려서부터 부모에게 배워 살아내야 합니다. 문제는 신앙생활을 해도 하나님과 관계 맺기의 필요성을 느끼지도 못하고, 아무 생각 없이 그냥 사는 대로 살아간다는 점입니다. 소중한 것들이 무엇인지 가르침을 받지 못하고, 마음을 쏟는 연습도 하지 않은 채로 어른이 되었기 때문에 함께하는 사람들에게조차 감사할 줄 모르고 고마움을 표현하지 않는 사람들도 있습니다. 이런 사람이 되면 결국 나에게 고맙고 소중한 사람들마저 하나둘 떠나가게 됩니다. 그리고 어느 순간에는 자기만 홀로 남아 외롭고 고독한 삶을 살게 될 수도 있습니다.

지금은 믿는 사람들조차 하나님의 말씀이 귀에 들리지도 않고 또 듣고도 두려워하지 않으며 하나님을 경외하지도 않는 시대입니다. 그래서 세상을 포기하고 하나님을 선택하는 것이 오히려 죽기보다 힘들고, 심지어 지옥 가는 것보다 더 어렵게 느껴지는 사람들이 참 많습니다.

주일 예배를 드리는 우리의 모습을 한번 생각해보십시오. 어떤 사람들은 교회를 오래 다녔고 스스로 믿는 자라고 자부하면서도 교회당에 앉아 있는 동안 설교 시간에 핸드폰을 만지작거리거나, 온갖 생각을 하며 졸기까지 합니다. 만약 대통령이 앞에 서 있다면, 혹은 내가 존경하거나 좋아하는 사람이 앞에 있다면 절대로 그렇게 행동하지 않을 것입니다. 만유를 지으시고 주관하시는 전능자 앞에서 예배하는 우리의 자세가 참 부끄럽습니다.

그러나 하나님께 나 필요한 거 달라고 기도할 때에는 세상 진지하게 기도합니다. 내 일에는 간절해집니다. 하지만 응답을 받고 문제가 해결되면 금세 하나님을 잊고 자기 마음대로 삽니다. 그러다 삶에 위기가 찾아오면 다시 기도하고 또 해결됐다 싶으면 언제 그랬냐는 듯이 '평안하다, 안전하다' 생각하며 삶에 안주합니다.

하나님은 우리가 생각하는 그런 분이 아닙니다. 그분은 사실 우리가 이 땅에서 잘 먹고 잘사는 것에는 별로 관심이 없으십니다. 하나님께서 정말 관심 두시는 것은 우리가 왕과 제사장, 그리고 선지자로서 합당한 인격과 품격을 갖추었느냐 하는 것입니다. 하나님께서는 그러한 품격을 갖춘 사람이 영원한 새 나라에 가서 그분의 뜻을 펼치기를 원하십니다. 나는 그 영원한 새 나라에 가고 싶습니다.

그렇다면 도대체 하나님의 사랑은 어떤 것일까요? 나는 종종

드라마나 영화 속에서 그려지는 지고지순한 사랑을 보며 하나님의 사랑을 떠올려보기도 합니다. 하나님의 그 사랑이 영적으로 잘 이해되지 않을 때, 육체라도 그 의미를 느껴보려 합니다. 그러나 주님께서 우리에게 베푸신 사랑은 우리가 아무리 애써도 만분의 일도 이해할 수 없는 깊고도 크신 사랑입니다.

주님께서 우리에게 영으로 다가오실 때, 거기에 즉각 반응할 수 있는 사람은 아무도 없습니다. 영만으로는 보이고 느껴지지 않으니 너무 어렵습니다. 그래서 우리가 육체의 눈으로 볼 수 있도록 창조하셨습니다. 영의 차원을 놓치지 않게 하기 위함입니다. 우리에게 중요한 것은 물질의 많고 적음이 아니고, 지식의 유무도 아닙니다. 오직 마음의 문제입니다. 결국 주님과 내가 영으로 만나기 위해서 가장 중요한 것은 마음입니다.

그러므로 내 마음을 돌아보아 어린아이 같은지, 한참 열정적인 청년의 때인지 아니면 원숙한 아비의 때에 이르렀는지 스스로에게 질문해봅시다. 만약 마음속에 객관성이나 공평은 다 상실한 채 오직 자기의 입장밖에 없다면 그는 성숙한 어른도 장성한 아비의 차원도 아닙니다.

요즘 어른들은 왜 젊은 세대들에게 '꼰대' 소리를 들을까요?

그것은 인생을 살아오면서 쌓았어야 할 여유와 넉넉함이 없고, 반듯한 품격을 잃어버렸기 때문입니다. 또한, 삶을 관통하는 깊은 통찰의 힘이 부족하기 때문입니다. 우리 어른들이여! 좀 멋지게 삽시다.

사람이 인품과 격이 훌륭하고, 인생 가운데 멋과 품위가 있다면 자연스럽게 닮고 싶어지지 않습니까? 나에게는 그런 닮고 싶은 훌륭한 스승들이 계십니다. 바로 주님이시고, 또한 나의 목사님이십니다. 우리 목사님께서는 오랜 목회의 세월 동안 하나님 사랑, 이웃 사랑을 실천해오시며 주변의 모든 이들에게 영적 아버지와 같은 영향력을 펼치고 살아가고 계십니다. 첫 만남 이후부터 늘 한결같은 성품과 또 그 마음의 결로 펼치시는 언행이 참 반듯하고 멋진 분이십니다. 삶으로도 많은 사람을 섬기고 도우시며, 그들의 아픔과 어려움에도 함께 울고 함께 기뻐하며 아낌없이 베푸시고 노력하는 분이십니다. 나도 이런 선한 영향력을 끼치는 사람이 꼭 되고 싶고 또 반드시 그렇게 살고 싶기에 나 자신을 끊임없이 돌아보고, 흉내 내고, 연습합니다. 그래서 내가 보고 겪은 이 아름다운 섬김을 삶으로도 펼치기 위해 열심히 배우려 애쓰고 있습니다.

하나님의 섭리

어느 날, 선교지에서 만난 어떤 분이 내게 물었습니다.

"OOO 목사님은 어떤 분이세요?"

나는 이렇게 대답했습니다.

"우리 목사님은 지극히 사람다운 사람이세요."

사람다운 사람이란 무엇일까요? 내 생각에는 형상과 모양은 하나님을 닮고, 그 마음은 예수님을 닮은 존재가 하나님이 창조하고자 하셨던 그 사람이 아닐까 합니다.

'섭리 10장'은 '말'로 제목을 붙였습니다. 말은 단순한 소리가 아닙니다. 말은 모양과 형상을 가진 영입니다. 영의 말은 그 자체로 계시이며, 지혜입니다. 또한 성경에 기록된 모든 단어 하나하나는 모두 예언이며 계시입니다. 그리고 그 예언과 계시를 풀어낼 수 있는 지혜 또한 말씀 속에 담겨 있습니다.

하나님의 생각을 우리를 위해 표현하신 것이 말씀입니다. 말씀 속에 창조하신 이 땅을 다스리고 경영하시는 하나님의 지혜가 있습니다. 그러므로 말씀을 깨달은 자의 말에는 삶을 풀어가는 지혜가 담겨 있습니다.

그래서 우리는 "예수 그리스도의 지혜와 계시의 영(엡 1:17)을 주소서!"라고 간절히 기도해야 합니다. 나에게 지혜와 계시의 영이 임해야 하나님의 말씀을 올바르게 해석할 수 있고, 사람과의 관계도 풀어갈 수 있기 때문입니다. 인간적인 방법으로 관계를 풀어내는 것은 그저 세상을 살아가는 저급한 수준에 머무르는 것입니다. 내 중심적으로 혹은 인본적인 관점과 해석으로 사람 사이의 관계를 풀어가는 것은 세상 방식에 불과합니다. 하나님의 원리와 섭리가 빠진 말씀의 해석이나 사람 사이의 관계 열기는 하나님과 상관없는 일일 뿐입니다. 그러므로 우리는 모든 삶의 영역에 일어나는 일들을 하나님의 원리와 섭리 안에서 해석할 줄 아는 사람이 되어야 합니다.

내가 뱉은 말은 사라지지 않고 우주를 돌고 돌아, 구르고 굴러서 결국 그 말을 한 나에게 되돌아온다고 합니다. 그렇기에 내가 어떤 말을 하느냐에 따라 복이 되기도 하고, 화가 되기도 합니다. 절대로 말을 함부로 해서는 안 됩니다. 부모들이 "남의 자식 말 함부로 하지 말라"고 하는 이유도 여기에 있습니다. 말은 반드시 그 주인을 찾아가기 때문입니다. 내가 지금 하는 말이 하나님 편의 영적인 말인지, 세상과 짝하고 있는 말인지, 아니면 악한 영과 귀신의 가르침의 말인지 우리는 끊임없이 점검해야 합니다. 하나님의 사람은 하나님 나라의 예언을 하고, 사탄의 사람은 사탄 쪽의 예언을 합니다.

하나님 편에 서서 예언하고, 지혜와 계시의 영이 움직이는 사람의 말에는 소망이 있습니다. 하나님의 섭리가 완전하심을 믿기 때문입니다. 어떤 일을 만나든지 그 속에서 소망을 발견합니다. 삶에서 일어나는 어려운 일들을 만날 때도 오히려 하나님께서 예비하고 계신 더 큰 복을 소망합니다. "하나님께서 나에게 이렇게 힘든 일을 주시는 것을 보니, 분명히 더 큰 복을 주시려는 것이겠구나!" 이렇게 믿고 고백하는 것입니다.

나는 주님을 만난 그날부터, 하나님께서 주시는 말씀의 단어 하나하나를 내 가슴에 새겼습니다. 그 말씀을 내 식대로, 내 입장에서 해석하는 것이 아니라, 하나님의 원리와 뜻 안에서 해석할 수 있도록 성령을 구했습니다. 내 힘으로는 할 수 없는 일이기 때문에 정말 성령을 구할 수밖에 없었습니다.

평소에 살림을 잘하고 대접도 잘하는 사람은 집에 손님을 맞을 때 필요한 몇 가지만 준비하면 되지만, 대충 살아온 사람은 귀한 손님을 대접하려면 청소부터 시작해서 필요한 물품들도 하나부터 열까지 새로 준비해야 합니다. 준비되지 않은 상태일수록 시간과 노력과 품이 많이 드는 것입니다. 우리의 언어도 그렇습니다. 평상시에 입을 잘 다스려야 합니다. 내 말에 내 영(spirit)의 모양과 형상이 담겨 있기 때문입니다. 내 입에서 나오는 말이 생명을 살리는 말이라면, 내 안에는 성령이 함께하십니다. 반대로, 입에서 원망과 불평, 수군거림이 나온다면, 그것은 내 속에 사탄과 어둠이 자리 잡고 있다는 증거입니다.

누군가 애써 주님의 일을 하고도 "힘들어 죽겠다"고 불평하는 말을 하면, 선교지에 가서도 "어휴, 괜히 왔네"라고 말하면 그 즉시로 하나님께 받을 상급에 흠이 납니다. 나도 그런 때가 있었습니다. 열방의 선교지를 다니면서 정말 한계에 부딪히고 힘들어서 주저앉고 싶을 때 '주님, 정말 힘들어 죽겠어요'라고 투정하다가 문득 깨달았습니다.

'내가 하나님 일을 하면서 이런 생각이나 말을 한다면, 지금까지 한 일이 헛수고가 아닌가? 누가 억지로 시켜서 한 일도 아니고 나 스스로 주님께 서원하고 온 일인데….' 곧바로 회개하면서 주님께 말씀드렸습니다.

"주님, 이 시간 후로는 힘들다는 말은 절대 하지 않겠습니다."

기도하며 울며 다짐한 후로는 내 입에서 힘들다는 말은 나오지 않았습니다. 내가 한 말이 우주를 떠돌아 주인을 찾아온다는데 눈덩이처럼 굴러서 돌아온다면 얼마나 무섭겠습니까? 그 후로는 내 마음이 은혜로 정말 편안해졌습니다. 마음이 편안하니 몸도 편해졌고 아픈 곳도 치유 받았습니다.

입술로 죄를 범하지 맙시다. 말로도 죄를 범하지 맙시다. 욥은 아무리 힘든 와중에도 입술로 죄를 범하지 않았다고 했습니다. 좋은 쪽으로 인정하고 시인하고 감사하는 말이 우리를 천국으로 가게 합니다.

'말씀'은 곧 성령이고 지혜이며 계시이고, 예언입니다. 그래서 '말씀' 속에 장래의 예언이 담겨 있으며, 인생을 살아가는 데 필요한 모든 구원의 해답이 그 안에 모두 들어 있습니다. 여기서 구원이란, 단순히 영혼의 구원을 넘어 우리가 육체로 삶을 살아가는 동안 하나님의 도우심을 받는 것을 의미합니다. 하나님은 우리가 물질이 필요하면 물질을 주실 것이고, 힘이 필요하면 힘을 주실 것입니다. 하나님께서 직접 채워 주시기도 하지만, 때로는 사람들을 통해 구원의 흐름을 열어 가십니다. 그래서 우리가 사람을 바라보지 말고 하나님을 바라야 합니다. 사람을 통해 결과를 보려 하지 말고, 먼저 하나님께 구하십시오.

"주님, 도와주세요." 무엇이든 간절히 구하면, 주님은 반드시 그 말을 기억하시고 도우십니다. 다만 이 일을 이루어가시는 하나님의 섭리는 우리의 생각과 다를 수 있습니다. 우리가 원하는 방식과 다를지라도, 주님은 그 과정을 통해 우리가 하나님의 사람으로 세워지도록 일하십니다.

주님께서 허락하신 우리의 삶 가운데서 일어나는 모든 일의 목적은 우리의 인격을 왕 같은 제사장과 선지자로서 다듬으시고 세우시는 것이기 때문입니다.

말은 곧 마음의 표현이며 생각 속에 있는 것을 나타내는 힘입니다. 그래서 말을 보면 말하는 사람의 마음과 생각이 어떤지 알 수 있습니다. "대저 그 마음의 생각이 어떠하면 그 위인(사람 됨)도 그러한즉 …"(잠 23:7상)과 같이 평소에 하는 말을 잘 들어 보면 말하는 사람의 범사가 어떠한지, 됨됨이가 어떤지 알 수 있습니다.

말은 곧 인격입니다. 그렇기에 우리의 말에는 격과 수준이 있어야 하고, 가치와 차원이 있어야 합니다. 땅에 속한 내 인품과 인격을 하늘에 계시는 하나님의 차원으로 올리는 방법이 바로 말입니다.

특별히 '잠언'의 말씀은 말의 아름다운 결을 가르쳐줍니다. 잠언을 자주 읽고 새기면 그 속에서 우리의 인품과 격을 하나님의 차원으로 올려 주는 말씀을 깨달을 수 있습니다. 그 깨달음으로 사랑의 말, 축복의 말을 선포하며 한층 한층 쌓아 간다면, 내 안에서 하나님의 격이 선명히 보일 것이고, 나의 품격 또한 드러나게 될 것입니다.

말은 축복을 심을 수도 있고 저주를 심을 수도 있습니다. "사랑하라"는 말씀을 듣고 사랑을 실천한 사람은 그 사랑이 더욱 깊어지고, 더 큰 풍요를 누리게 됩니다. 하지만 그 말을 듣고 사랑을 전혀 실천하지 않은 사람의 인생에서는 사랑받을 기회조차 없게 될 것입니다. 그러므로 심어야 합니다. 성경은 반드시 "심은 대로 거둔다"라고 말씀합니다. 아내에게, 남편에게, 자녀에게, 그리고 이웃에게 생명의 말과 복음의 말을 심어야 합니다.

어느 부부가 하루에도 몇 번씩 서로에게 "사랑해"라는 말을 하고, 남편은 아내에게 "참 예쁘다"는 말을 자주 해주는 것을 보았습니다. 옆에서 지켜보니 그 가정은 참 따뜻하고 행복하고 빛이 났습니다. 자녀들도 티 없이 맑았습니다. 처음부터 그런 것이 아니라 어느 날, 말씀을 먼저 깨달은 남편이 그렇게 노력하기 시작한 것입니다. 말 한마디로 작은 한 가정이 바뀌었습니다. 행복해졌습니다. 이렇듯 불완전한 사람의 일도 말 한마디로 변화된다면, 하나님께 올려드리는 우리 입술의 한마디 말은 얼마나 중요할까요? 마찬가지로 하나님의 일에서도 말 한마디의 힘은 대단한 것입니다.

부모는 알아들을 수조차 없는 자녀의 옹알이 한마디에도 정말 기쁘고 행복합니다. 하물며 우리의 아버지 되시는 하나님과 신랑이신 주님께 "하나님, 감사합니다. 하나님을 찬양합니다.", "주님, 사랑합니다. 주님, 감사합니다"와 같은 말들을 늘 한다면, 하나님께서는 우리의 마음을 보시고, "내가 너로 인해 기쁘다"라고 말씀하지 않으실까요? 이것이 바로 내 마음의 말을 주님께 드리는 기도입니다.

어려운 말을 많이 하는 것이 기도가 아닙니다. 내 마음속 말 한마디, 아이와 같은 표현 하나를 주님께 고백하는 것이 기도의 시작입니다. 우리의 말 한마디로 거룩하신 그분의 차원을 따라가는 것이 하나님의 섭리입니다.

주님을 만난 그날부터
하나님이 주시는 말씀 하나하나를 내 가슴에 담았습니다.
그 말씀을 심장에 두고 마음에 기록하며
입술로 전했습니다.

사랑합니다.
감사합니다.
미안합니다.
축복합니다.

성결

성결 I

'성결'이라는 말은 히브리어로 '카도쉬'이며 그 뜻은 '분리됨, 거룩함, 신성함'이라는 뜻입니다. 거룩함의 의미는 '성별하다', '구별되다', '봉헌하다'라는 뜻입니다. 그러므로 거룩한 자는 세상으로부터 구별된 이, 즉 하나님의 뜻대로 사는 이를 말합니다. 이는 세상의 원리로부터 분리되어 예수 그리스도로 모여지는 개념입니다.

그래서 거룩은 세상 사람에게는 필요 없는 말일 수 있으나, 믿는 이에게는 필수적인 개념이며, 세상의 원리와는 전혀 다릅

니다. 믿는 이가 거룩함을 좇아 삶을 살아가면 그 영적 차원의
깊이가 '자녀들아', '청년들아', '아비들아'의 수준으로 성장하고
성숙하고 변화하는 것입니다.

"그가 아버지의 마음을 자녀에게로 돌이키게 하고
자녀들의 마음을 그들의 아버지에게로 돌이키게 하리라"(말 4:6상).

아버지의 마음을 자녀인 우리에게 다시 되돌렸다는 것은 관
계의 회복이며, 다른 표현으로 하면 성령이 부어졌다는 뜻입니
다. 성령이 우리 안에 오시면 우리는 하나님의 마음을 품고 복
음을 전하며 "오직 성령이 너희에게 임하시면 너희가 권능을 받
고 예루살렘과 온 유대와 사마리아와 땅끝까지 이르러 내 증인
이 되는"(행 1:8) 역사가 일어납니다. 이것은 너무나 귀한 일입
니다. 따라서 우리는 "자녀들아", "청년들아", "아비들아"라는
각각의 차원을 삶에서 거룩함으로 실천하여 성령의 사역을 펼
쳐야 합니다.

"자녀들아 내가 너희에게 쓰는 것은
너희 죄가 그의 이름으로 말미암아 사함을 받았음이요
아비들아 내가 너희에게 쓰는 것은

너희가 태초부터 계신 이를 알았음이요

청년들아 내가 너희에게 쓰는 것은

너희가 악한 자를 이기었음이라

아이들아 내가 너희에게 쓴 것은

너희가 아버지를 알았음이요

아비들아 내가 너희에게 쓴 것은

너희가 태초부터 계신 이를 알았음이요

청년들아 내가 너희에게 쓴 것은

너희가 강하고 하나님의 말씀이 너희 안에 거하시며

너희가 흉악한 자를 이기었음이라"(요일 2:12-14).

말씀에서 "아비들아" 하고 부르실 때의 하나님 아버지의 마음은 어떤 마음입니까? 그것은 만유를 회복시키고자 하는 마음이며, 만유가 주께 돌아와 완전과 온전, 거룩함이 충만한 세계를 회복하는 마음입니다.

왜 이스라엘 땅의 회복이 중요합니까? 이스라엘 땅이 회복되어야 그 땅 위에 하나님 나라가 다시 세워지고 그곳에서 하나님의 왕권이 회복되기 때문입니다. 다시 말해, 하나님 아버지의 지위와 위치가 회복되어 예루살렘에 하나님의 보좌가 세워지는 것입니다. 이것이 바로 "아비들아"의 차원입니다.

성결의 본질은 바로 '회복'입니다. 하나님의 거룩함이 우리 안에 다시 부어져서, 우리 삶 속에서 그 거룩한 상태가 이루어 지는 것이 성결입니다. 성결은 삶에서 거룩함의 차원을 부단히 이루는 것입니다. 그래서 바울이 디모데에게 "경건에 이르도록 네 자신을 연단하라"(딤전 4:7하)고 말씀합니다.

"하나님의 말씀과 기도로 거룩하여짐이라"(딤전 4:5). 거룩함 과 경건은 하나님의 말씀과 기도로 되는 것입니다. 말씀은 우리 의 영혼에 주는 양식과 같고, 기도는 영혼이 숨 쉬는 호흡과 같 습니다. 우리는 하나님으로 살아가는 존재들입니다. 육체는 떡 (음식)을 먹어야 살 수 있고 공기를 들이마셔야 호흡할 수 있습 니다. 이것은 땅에 속한 육체에 적용되는 원리입니다.

하지만 하나님 나라에서는 다른 차원이 적용됩니다. 이곳에 서는 하나님의 말씀이 우리 영이 먹는 양식이 되고, 하나님의 뜻으로 소통하는 것이 우리 영의 호흡입니다. 즉, 기도를 통해 하나님의 원리로 살아가는 것이 영적인 생활입니다.

말씀이신 예수 그리스도를 먹는다는 것은 어떤 의미입니까? 우리의 육체는 음식을 먹고 소화한 영양분을 온몸 구석구석 필

요한 곳으로 보냄으로 생명을 유지합니다. 마찬가지로 우리의
영혼은 하나님의 말씀을 듣고, 들은 말씀대로 살기로 선택하고,
그 선택에 따르는 합당한 책임을 지며 살 때 생명을 얻고 더 풍
성히 얻게 됩니다. 말씀을 듣기만 하고 행하지 않는다면 말씀을
소화한 것이 아닙니다. 들은 말씀대로 살아갈 때 말씀이 나의
살과 피가 되는 것입니다.

우리가 말씀을 먹고 "내가 하늘의 원리로 살아가겠다"라고
선택하는 것은 진리에 응답하는 것이며, 바로 영적 거듭남을 의
미합니다. 이 거듭남은 우리가 하늘의 차원을 선택하여 변화되
는 과정으로, 궁극적으로 구원의 완성을 이루게 합니다.

사무엘상·하 말씀을 보면 다윗왕은 일생을 통해 세 번의 기
름 부음을 받았습니다. 첫 번째는 목동의 자리에서 택함을 입을
때, 두 번째는 유다 지파의 왕이 될 때, 그리고 마지막으로는 이
스라엘 전체의 왕으로 취임할 때입니다. 이것은 한 인생이 구원
의 완성을 이루는 이야기입니다. 이처럼 우리도 영적 수준이 점
점 발전해 나가며 영혼의 구원을 완성하는 과정을 이루는 것입
니다.

이스라엘 백성이 홍해와 요단을 건넌 것처럼 우리의 거듭남
도 두 단계로 이루어집니다. 첫 번째는 세상으로부터 벗어나 새

로운 시작을 하는 홍해의 거듭남이고, 두 번째는 세상을 완전히 떠나 하나님 나라의 차원으로 들어가는 요단의 거듭남입니다.

거룩함으로 구별된다는 것은 단순히 둘 중 어느 한쪽이 더 낫다고 비교하는 문제가 아닙니다. 거룩함은 세상과 전혀 다른 차원의 상태를 의미합니다. 예를 들어, 종과 왕은 단순하게 비교할 수 없습니다. 종은 종문서가 있는, 쉽게 말해 포로나 노예와 같은 상태를 의미합니다. 그래서 종과 왕의 차이는 상대적인 비교의 대상이 아니라 아예 차원이 다른 것입니다. 종의 신분으로 왕과 동등한 관계가 되는 일은 불가능하기 때문입니다. 거룩함의 관점에서는 땅(세상)과 하늘은 같이 공존할 수 없는 철저히 구별되는 '절대적인' 차이를 가지고 있습니다. 그래서 성결(거룩함)은 세상과는 완전히 다른 차원의 이야기입니다.

어떤 사람들은 세상의 원리를 말씀에 적용한다고 하며 "여기서 조금만 변화시키면 되지 않나?", "이 부분만 이렇게 하면 비슷할 것 같은데…"라는 등의 자기 생각을 살짝 끼워 넣습니다. 세상의 원리는 내 상황에 맞게, 내 구미에 맞게 적용해서 바꾸더라도 얼추 비슷하다면 크게 문제가 되지 않습니다. 그러나 믿는 자에게는 말씀의 의미를 자신의 소견대로 바꾸려는 것은 세상을 사랑하는 악한 태도가 됩니다. 말씀, 곧 하나님의 명령을 지키는 일에는 내 생각이 0.0001%만 섞여도 죄가 되기 때문입니다. 사울이 이 죄로 인해 망한 대표적인 인물입니다. 하나님께서는 사울에게 사무엘을 통해 스스로 번제를 드리지 말라고 명령하셨습니다. 그러나 블레셋을 두려워한 사울은 사무엘이 길갈에 도착하기 전에 하나님의 명령을 어기고 스스로 번제를 드립니다. 이 일로 인해 사울은 이스라엘의 왕위를 잃게 됩니다(삼상 13:6-14).

하나님의 절대적인 명령을 지키는 일에 사울이 인간적인 생각을 개입했기 때문입니다. 설사 이스라엘 백성이 블레셋 손에 다 죽어 나가는 상황일지라도 하나님께서 금하신 이상, 사울은 자기 손으로 번제를 드려서는 안 됩니다. 사울은 두려움과 인간적인 염려로 인해 하나님의 명령을 어기고 자기 소견에 옳은 대로 행한 것입니다. 만약 이 일이 사울의 순종함을 시험하시는 하나님의 마음이었다면 어떻게 하시겠습니까?

반면 다윗은 사울을 죽일 수 있는 기회가 여러 번 찾아와도 사울의 털끝도 건드리지 않았습니다. 하나님의 기름부음 받은 자를 치는 것을 금하신 하나님의 명령을 절대적으로 준행한 것입니다. 다윗의 신실함을 성경은 그가 엔게디 광야에서 사울을 죽이는 대신 사울의 겉옷 자락만을 살짝 베었는데도 그의 마음이 찔려서 자기 사람들을 금하여 사울을 해치지 못하게 하였다고 전합니다(삼상 24:3-7).

사울은 자기 뜻대로 행동하며 인본주의에 빠진 자인 반면, 하나님이 기름 부으신 다윗은 하나님의 선택을 따르며 하늘의 질서에 속한 사람인 것입니다. 즉 거룩함은 오직 하늘 차원의 이야기입니다.

거룩한 사람은 일상생활 속에서도 주님을 분명히 보고 느끼며, 주님과 소통합니다. 반면, 거룩하지 않은 사람은 주님과의 관계가 멀어져 친밀감을 느끼지 못합니다. 만약, 스스로의 마음에 주님이 주시는 감동도 없고, 나에게 말씀하고 계시는 주님의 소리가 전혀 들리지 않는다면 그것은 주님과의 관계가 충분히 친밀하지 않다는 의미입니다.

어떤 영상을 보니 한 노부부가 귀금속 가게에서 보석을 구경하다가 할머니가 소지품을 바닥에 떨어뜨리는 장면이 있었습니다. 그리고 할머니가 떨어진 걸 주우려고 몸을 굽히자, 즉시 할아버지가 손바닥을 펴 할머니 머리 위 테이블 모서리에 대시는 것입니다. 할아버지는 할머니가 몸을 세울 때 모서리에 머리를 부딪힐까 봐 반사적으로 대응한 것이죠. 오랜 세월 부부로 얼굴을 맞대고 살아오면서 상대의 행동 패턴과 특성을 속속들이 이해하게 되니, 무의식적으로 서로를 느끼며 보호하는 행동을 하게 되었던 것입니다.

"우리가 지금은 거울로 보는 것 같이 희미하나

그때에는 얼굴과 얼굴을 대하여 볼 것이요

지금은 내가 부분적으로 아나 그때에는

주께서 나를 아신 것 같이 내가 온전히 알리라"(고전 13:12).

'하나님의 얼굴을 본다'라는 의미는 하나님을 알고 그분이 어떤 분이신지를 느낄 수 있다는 것입니다. 즉 '하나님을 본다'는 것은 내가 하나님의 임재와 뜻을 느낀다는 의미입니다.

사람이 거듭나기 전이라도 그의 속에는 하나님께서 창조하셨을 때 주신 하나님의 형상이 있기 때문에 하나님을 알 수 있습니다. 이 형상은 사람의 양심이자 하나님이 사람 속에 두신 하나님의 흔적입니다. 양심은 복음이 없는 세상 사람에게도 사람으로서의 도리를 지키게 하는 최후의 보루입니다. 하나님의 존재는 흔적일지라도 매우 강력한 것입니다. 또한 하나님께서는 사람의 양심 속에 본향(하나님)을 사모하는 본능적인 마음을 주셔서 혹여나 복음을 듣지 못하고 세상의 포로나 종된 사람에게도 하나님을 찾을 수 있는 근거를 두셨습니다. 이것이 사람을 향한 하나님의 사랑의 배려입니다.

하나님께서는 항상 우리가 알지 못하는 부분까지 헤아리셔서 깊이 배려하십니다. 그러나 우리는 얼마나 그분의 마음을 헤아리고 있나요? 내 마음과 생각이 늘 나 자신과 세상일에만 집중되어 있다면 그분의 마음을 느끼고 그분의 생각을 읽어 내는 일이 참 어려워집니다. 우리가 주님과 항상 함께하며 서로 바라보고 살아가야 하는데, 만약 마음이 산만해지고 욕심에 빠지면 주님과 소통할 수 없습니다.

사람과의 관계에서도 마찬가지입니다. 내 생각만 하는 사람은 이웃과의 관계를 화평하게 풀어가기 힘듭니다.

"모든 사람과 더불어 화평함과 거룩함을 따르라"(히 12:14상).

하나님께서는 우리에게 모든 사람과 올바른 관계를 유지하며 살아가라고 명령하십니다. 왜 하나님 사랑, 이웃 사랑을 강조하실까요? 삶은 거룩함의 나타남이기 때문입니다. 하나님과의 관계가 단절되면 자연히 이웃과의 관계도 무너지게 됩니다. 만약 내가 가장 가까운 가족이나 이웃과의 사이가 주 안에서 화평하지 않다면, 하나님과 나의 사이도 막혀있는 것입니다. 내가 믿고 있다고 믿는 게 아닙니다. 이웃에게 신실하지 못한 사람은 하나님께 대한 믿음도 신실하지 못할 확률이 훨씬 더 높습니다. 내가 하나님께 충성하고 있다고 착각하고 있지는 않은지 스스로 점검해야 합니다. 사람들과의 관계는 하나님 앞에서 내가 얼마나 거룩한지를 점검하는 가장 객관적인 지표 중 하나입니다.

"화평하게 하는 자는 복이 있나니
그들이 하나님의 아들이라 일컬음을 받을 것임이요"(마 5:9).

'화평'의 정확한 원리가 무엇인지 이해하기 위해 하나님의 말씀을 묵상해야 합니다. 거룩함은 화평의 원리를 이해하는 가장 중요한 열쇠입니다. 거룩함의 원리가 있는 사람은 화평의 진정한 의미를 쉽게 이해할 수 있지만, 그렇지 않은 사람에게는 그 의미가 어렵게 느껴집니다.

그저 '좋은 게 좋은 것이다'라는 식의 인본주의적 사고는 문제가 있습니다. 거룩함이 없는 사람은 주님을 온전히 볼 수 없습니다. 거룩함은 우리를 하나님께 속하게 하고, 하나님 아버지의 마음으로 삶을 이끌어가는 흐름입니다.

"오직 너희를 부르신 거룩한 이처럼

너희도 모든 행실에 거룩한 자가 되라"(벧전 1:15).

우리는 삶의 모든 부분에서 거룩함을 추구해야 합니다. 하나님께서는 우리의 모든 행실과 삶 속에서 거룩하라고 말씀하십니다. 주님께서는 "너희 의가 서기관과 바리새인보다 더 낫지 못하면 결코 천국에 들어가지 못하리라"(마 5:20)고 말씀하십니다. 그러나 거룩함을 더욱 깊이 추구하는 것은 결코 쉬운 일이 아닙니다. 이 글을 읽고 계신 누구나 마찬가지일 것입니다. 특히 가르치는 자, 제사장, 선지자, 그리고 리더들일수록 하나님의 거룩함의 차원을 향해 외롭고 고독한 길을 묵묵히 가야 합니다.

그 길은 마치 주님께서 털 깎는 자 앞에서 잠잠한 어린 양처럼, 그저 하나님 앞에 조용히 서 계신 것과 같습니다. 예수님께서 그 밤, 겟세마네 동산에 올라가 홀로 처절하고 고독한 기도를 하셨던 것처럼 말입니다. 이것은 진리를 아는 사람들이 겪어야 하는 깊은 자기 성찰과 직면의 과정이 아닐까요? 세상과 하나님 사이에서 살아가며, 우리는 자연스럽게 이 고민을 마주하게 됩니다.

주님께서는 '털 깎는 자 앞에서 잠잠한 어린 양' 같이 하나님 앞에 서셨습니다. 주님이 한밤중에 홀로 산에 올라 아버지께 고독하고 처절한 기도를 하실 수밖에 없었던 것처럼, 진리를 아는 자들이 험난한 세상 가운데서 하나님과 동행하기 위해서는 반드시 자기 성찰과 자기 직면의 시간을 갖는 일이 필요합니다.

"여호와께서 모세에게 이르시되 불뱀을 만들어 장대 위에 매달아라 물린 자마다 그것을 보면 살리라"(민 21:8).

이스라엘 백성을 물려 죽게 한 불뱀은 우리 속에 있는 "사망이 쏘는 것은 죄요 죄의 권능은 율법이라"(고전 15:56)입니다. 민수기 21장에서, 이스라엘 백성이 하나님이 주신 만나를 '박한 식물'이라고 표현하며 하나님을 원망합니다. 그들은 자신들을 애굽에서 종으로 살게 내버려두지, 왜 끌고 나와서 물이 없어 죽게 하냐고 모세를 원망합니다. 이런 원망 불평을 쏟아낸 자들이 불뱀에 물렸습니다. 결국 불뱀은 내 속에서 올라오는, 내가 처한 환경과 주변 사람에 대한 부정적인 판단과 원망의 죄들입니다.

그런데 뱀에 물려서 죽게 된 자들을 뱀을 다시 보게 하셔서 치료하시는 하나님의 역설이 이해되십니까? 여기서 놋뱀을 바

하나님의 섭리

라보는 것은 단순한 시각적 행위가 아니라, 자기 자신과 직면하고 자기 부인의 과정을 거치는 것입니다. "죽고자 하는 자는 살고 살고자 하는 자는 죽으리라"는 말처럼 죄뿐인 자신의 근본을 보고 회개하는 자는 살아남고, 추악한 자신의 근본을 보지 못하는 자는 죽음에 이르게 된다는 뜻입니다. '내 속에는 죄만 있구나' 하는 것을 깨달아 인정하고 회개해야 삽니다. 간음한 여인을 정죄하던 자들이 "너희 중에 죄 없는 자가 먼저 돌로 치라"(요 8:7하)는 주님의 말씀 앞에서 아무 말 못하고 떠나갔습니다.

여러분은 내 속에 죄가 전혀 없다고 당당하게 말할 수 있으십니까? 누구든지 그럴 수 없습니다. 왜냐하면 사람은 절대 스스로 선할 수 없는 존재이기 때문입니다. 마음으로 얼마나 많은 사람을 정죄하고 판단하고 계십니까? 사람의 마음은 어찌나 연약한지, 작은 고난 앞에서 어찌할 바를 모르고 판단력이 흐려지고 나도 죽고 남도 죽게 하는 이기적인 선택을 하는 경우가 참 많습니다. 죄 없는 사람을 십자가에 못 박을 수밖에 없는 것이 사람의 본성이 가진 죄성입니다.

우리 스스로는 죄의 근원(독)을 해결할 수 없기에 우리에게 장대(십자가)에 달리신 예수 그리스도가 필요한 것입니다. 놋뱀은 뱀의 모양이나 살아있는 뱀과 달리 독도 없고 물지도 않습니다. 예수님은 사람의 모양을 하고 계시지만 그분 속에는 죄가 전혀 없습니다. 오히려 우리의 죄를 처리해 주시는 분입니다. 그래서 우리는 온전하게 하시는 예수 그리스도만을 바라봐야 합니다.

"믿음의 주요 또 온전하게 하시는 이인 예수를 바라보자

그는 그 앞에 있는 기쁨을 위하여 십자가를 참으사

부끄러움을 개의치 아니하시더니

하나님 보좌 우편에 앉으셨느니라"(히 12:2).

놋뱀을 바라보는 행위는 용서를 의미합니다. 용서는 이해가 돼서 하는 것이 아니라 내가 살기 위해서 하는 것입니다. 놋뱀을 바라보라는 하나님의 그 명령에 순종하는 것이 중요한 것입니다. 말씀이 이해되지 않아도 순종하며 사는 것입니다. 이유 여하를 막론하고 하나님의 명령대로 타인을 품으면 나도 살고 남도 사는 일이 생깁니다.

"우리가 우리에게 죄 지은 자를 사하여 준 것 같이

우리 죄를 사하여 주시옵고"(마 6:12).

놋뱀을 바라보라는 것은 결국 십자가에 달리신 예수를 보며 십자가의 사랑으로 이웃을 용서하고 품으라는 것입니다. 주기도문의 기도를 좇아 주의 보혈로 죄 사함을 행하는 것이 화평입니다. 거룩함과 화평함은 함께 움직여야 합니다. 내 안에 화평한 마음이 없이는 하나님께 속할 수 없습니다. 내가 용서하지 않으면 하나님도 나를 용서하실 수 없으십니다. 용서 없이는 십자가의 사랑을 완성할 수 없습니다.

그래서 성결은 어린아이들과 초보의 개념이 아니라, 장성한 자와 아비들의 차원을 위한 진리의 이야기입니다.

성결 II

"나는 선한 싸움을 싸우고

나의 달려갈 길을 마치고 믿음을 지켰으니

이제 후로는 나를 위하여 의의 면류관이 예비되었으므로

주 곧 의로우신 재판장이 그날에 내게 주실 것이며

내게만 아니라

주의 나타나심을 사모하는 모든 자에게도니라"(딤후 4:7-8).

바울이 "나를 위해 예비된 의의 면류관을 바라본다"라고 한 것은, 말씀에 충성된 자로 성실하게 자신의 길을 달려왔으며 끝까지 믿음을 지켰다는 뜻입니다. 그의 평생 사는 동안 선한 싸움을 싸웠다는 것입니다. 베냐민 지파 출신의 바울은, 율법을

하나님의 섭리

철저히 지키며 완전한 삶을 살아가기 위해 치열하게 싸웠습니다. 그러나 성령을 받고 예수의 종이 된 후에는, 죽는 날까지 믿음의 선한 싸움을 싸우며 살았습니다.

바울의 고백은 거룩한 삶을 살아낸 사람들의 고백이며, 의의 면류관을 받는 삶입니다. 성결하게 사는 것은 빛의 삶이며, 하나님께는 영광이 됩니다. 그러므로 우리는 가능한 인생의 시작부터 하나님 앞에서 거룩함(성결)을 지키는 삶을 살아야 합니다.

만족이 없는 사람은 공허합니다. 아무리 세상의 모든 것이 풍족할지라도 영혼의 구원이 없다면 그것은 아무런 가치가 없는 삶입니다. 성령 받지 못한 자는 참 만족을 느끼지 못하고 어둠과 공허함을 느낍니다. 이것은 성결하지 못한 삶입니다.

하나님께 붙들려 살아가는 삶에는 때로는 힘든 훈련과 고난의 과정이 따를 수 있습니다. 그러나 창조주 하나님께서 내가 누구인지를 그리고 내가 어떤 사람이며 무엇을 잘하는지 가장 정확하게 아십니다. 그래서 오늘 나에게 하나님께서 명령하신 일, 맡기신 일이 내 천직인 것입니다.

한 달란트를 주셨으면 한 달란트에 감사하고, 다섯 달란트를 주셨으면 다섯 달란트에 감사해야 하는 것입니다. 주님께서 우리를 칭찬하시는 기준은 맡겨진 것이 많고 적음에 있지 않고,

받은 것으로 얼마나 충성했느냐입니다. 주님은 우리가 얼마나 많이 남겼느냐, 얼마나 큰일을 했느냐를 보지 않으십니다. 그저 성실하고 충성된 자세로 우리의 맡은 바를 감당하는지를 보십니다. 그래서 나는 교회에서 밥 짓는 일만 맡겨도 감사했고, 교회에서 청소하는 일만 맡아도 감사했습니다. 작은 힘이라도 교회에 보탬이 될 수 있다면, 그것만으로도 충분히 감사한 일이었습니다.

로마서 16장에서 바울이 여러 성도의 이름을 부르며 그들이 한 수고를 축복합니다. 하지만 성경에 기록되지 않은 이름 없이 빛도 없이 수고한 무명의 사람들, 묵묵히 헌신한 이들이 하나님 앞에서 더 큰 상급을 받을 수도 있습니다. 그것은 오직 하나님만이 아시는 일이며, 하나님과 나와의 관계 속에서 이루어지는 것입니다.

하나님 일을 열심히 하는데도 핍박받고, 멸시당하고, 천대받을 때가 있습니다. 그러나 슬퍼하지 마십시오. "멸시 천대 십자가는 제가 지고 가오리다." 찬양하며 주님만 바라보고 걸어가십시오. 세상을 의지하지 말고, 사람들의 판단을 두려워하지 말고, 사람들의 칭찬에 연연하지 마십시오. 어떤 상황 속에서도, 주님이 나에게 맡겨주신 그 일 하나를 끝까지 지켜가십시오. 그 길을 걸어가는 자에게 주님께서 반드시 상급을 주실 것입니다. 하나님의 관점에서는 작은 일이란 없습니다. 주님이 주신 일이라면, 그것이 무슨 일이든지 전부 다 크고 귀한 일입니다.

우리 교회는 '전교인 사역자, 전 세계 평신도 선교사 파송'의 비전을 가지고 모든 교인이 이방의 충만한 수를 이루고 성령의 늦은 비 추수에 참여하기를 교회 시작부터 함께 기도하고 공동체로서 생활해 오며 전 세계로 땅 밟기를 다니고 있습니다. 우리 교회 땅 밟기의 특징은 성령의 감동대로 나라를 정하여 움직인다는 것입니다. 담임 목사님께서 성령의 인도에 민첩하게 반응하는 것을 가장 중요하게 생각하셔서 우리 모두가 항상 기도하며 주님 뜻을 묻고 구하며 움직이는 훈련을 해 왔습니다.

유럽 땅 밟기를 시작하며 나는 "이 땅을 축복하고, 이 땅의 복음을 위해 기도합니다"라고 기도했습니다. 그때 주님께서는 내게 "유럽 전역의 복음을 위해 기도하라"고 말씀하셨습니다. 그 이후부터, 나는 "열방을 우리에게 주소서!"라고 외치며 우리 교회 식구들과 더 열심히 다녔습니다. 그리고 유럽에 무너진 복음을 다시 세워 달라고, 첫사랑을 회복하게 해 달라고 간절히 부르짖었습니다.

참 신기하게도 주님께서는 우리 교회의 걸음을 체코의 모라비안 지방을 거쳐 독일 드레스덴의 작은 한 도시 '헤른후트 (Herrnhut, 주님의 피난처)'로 향하도록 인도하셨습니다. 우리는 그곳에 가려고 미리 계획하지도 않았고 그곳이 어떤 곳인지 알지 못했지만, 성령께서는 우리의 걸음을 하나님의 사람들이 모든 것을 바쳐 복음을 전한 땅으로 인도하셨습니다.

독일 헤른후트는 18세기 체코에 살던 모라비안 교도들이 가톨릭에 의한 종교 핍박을 피해 이동하며 정착한 곳입니다. 그곳에 큰 영지를 소유하고 있던 진젠도르프 백작이 그들을 받아들여서 함께 살며 열방의 선교사로 파송하기 위해 훈련했던 장소였습니다. 그들은 그곳에서 100여 년간 하루 24시간, 365일을 끊임없이 기도하였습니다. 그들은 꺼져가는 전 세계에 복음의 불씨를 살리기 위해 인생을 바쳤습니다. 특히 둘씩 짝을 지어 성령께서 감동을 주시는 나라에 선교사로 파송되었습니다. 영국의 위대한 복음 전도자 요한 웨슬레도 모라비안 목사님을 통해 회심할 정도로 성령이 충만한 사람들이었습니다.

성령에 이끌려 간 이 헤른후트에서 우리는 세계 선교를 위한 우리 교회의 비전과 훈련방식에 대한 확증을 받았습니다. 우리 목사님은 갓난아이부터 70세가 넘은 나를 포함한 모든 교인을 리더로 키우고자 하십니다. 성령의 감동만 있으면 어느 누구라도 선교사로서 열방에 파송하는 일에 주저함이 없으신 분입니다. 오직 하나님 나라를 이 땅에 이루기 위해 나를 포함한 전 교인을 아주 특별하게 훈련하고 계십니다.

모라비안 공동체의 리더였던 진젠도르프 백작은 아주 어렸을 때부터 예수 그리스도만을 좇기로 결단한 순전한 사람이었습니다. 그가 예배를 인도하면 찬송가 한 곡을 2시간씩 계속 부를 정도로 열정적이고 진실한 분이었습니다. 또한 그는 공동체 속에서 많은 청년과 함께 기거하면서 그들을 선교사로서 철저하게 훈련하였습니다. 1700년대 전 세계 모든 교회에서 200년 동안 파송한 선교사보다 이 공동체에서 20년 동안 파송한 선교사가 더 많았다고 합니다.

평생을 오직 세계 선교 사역에 헌신한 진젠도르프 백작을 보며 우리 목사님을 떠올리지 않을 수 없었습니다. 어린 시절 목회자로 서원한 뒤로 30년 가까운 목회 사역 동안 열방 선교에 대한 비전을 한 번도 놓지 않으셨습니다. 우리 교회는 매주 출석 인원이 50명도 채 안 되는 작은 시골 교회이지만, 우리 교회 교인들이 밟은 땅이 전 세계 70개국이 넘습니다.

특히 우리 목사님께서는 공동체 속에서 청년들을 선교사로 철저하게 훈련하고 계십니다. 청년들이 세계 어느 곳에 가든지 그들이 살아가는 삶 자체가 예수 그리스도의 복음을 전하는 일이 되기를 꿈꾸시기 때문입니다. 그래서 신앙과 삶을 함께 교정하며 영혼과 육체의 조화와 균형이 잡힌 삶을 가르치십니다. 내 평생 우리 목사님 같은 분을 본 적이 없습니다. 청년들이 선교지에서 리더로 사역할 때 부족함 없도록 삶의 스펙트럼을 넓히는 다양한 훈련을 시키십니다. 고된 육체노동은 기본이고 국내외 가릴 것 없이 다양한 장소를 여행하며 가는 곳마다 예배드리며 단을 쌓는 연습을 시키십니다. 의식주를 포함한 풍요로운 삶을 누리는 훈련까지도 철저히 해보게 하십니다. 아마 우리 교회 청년들만큼 재정이나 시간적인 여유에 상관없이 세계 곳곳을 누비고 다닌 사람들은 많지 않을 것 같습니다.

또 목사님께서는 공동체 안에서 동고동락하며 모든 교인의 삶을 자세히 지켜보십니다. 자신의 개인적인 삶이 그대로 노출되는 것도 절대 피하지 않으십니다. 오히려 본인의 삶을 통해 말씀대로 살아가는 원리를 깨닫기 원하십니다. 모든 교인의 말과 행동, 인격 하나하나를 성령의 감동대로 교정하십니다. 특히 우리 교회는 공동체 생활을 통해 남녀노소, 전 세대가 함께 어울려 소통하며 살아가는 법을 가르칩니다. 참고로 우리 목사님도 찬양 한 곡을 두 시간은 너끈히 부르시는 분입니다. 찬양 가사가 우리의 마음속에서 기도로 드려질 때까지 물러섬 없이 자리를 지키십니다. 교회의 거대한 부흥을 꿈꾸시는 것이 아니라, 하나님의 사람 한 명을 제대로 세우기 위해 평생을 바치고 계십니다.

헤른후트에서 진젠도르프 백작의 삶을 전해 들으며 '와! 우리 목사님 같은 분이 또 있으셨네. 성령의 흐름은 시대와 상관없이 동일하게 역사하시는구나' 하고 감탄했습니다. 하나님께서 우리 교회를 얼마나 정확하게 훈련하고 계시는지를 다시 한번 느끼게 되었습니다. 시대를 초월하여 신실하게 역사하시는 하나님의 흐름에 내가 동참할 수 있다는 것이 정말 영광스러웠습니다. 또한 이 모든 일을 책임지고 묵묵히 헌신하시는 우리 목사님을 존경하지 않을 수 없었습니다.

영하 15도의 겨울날 눈 덮인, 헤른후트 모라비안의 100년 기도탑에 서서 나는 울며 기도했습니다. 그 기도탑 아래로 열방의 복음 전파를 위해 모든 것을 바친 선교사들의 무수한 무덤들이 한눈에 들어왔습니다.

"주님, 이들이 존재했기에 지금의 제가 있습니다. 저도 순교하게 해주세요."

백 년이 넘도록 기도를 쉬지 않았던 거룩한 기도의 현장과 하나님의 말씀을 지키기 위해 몸부림치며 생명을 바친 거룩한 믿음의 선진들, 그들의 증거를 내 눈으로 직접 보았습니다. 아무런 욕심 없이 오직 어두운 세상을 비추며 온전히 주님을 위해 산 그들의 거룩한 삶과 순교를 오래도록 묵상하였습니다. 그리고 우연히 그곳 교회에서 사역하시는 한국인 선교사님을 한 분 만나게 되었습니다. 머나먼 이국땅에서 홀로 외롭게 병든 남편을 돌보며 사역하시는 선교사님과 만나게 하신 주님의 뜻을 생각하며 믿음의 교제를 나누고 축복하였습니다. 그리고 헤른후트를 떠나며 다시 한번 우리 교인 모두 순교하게 해달라고 주님께 무릎 꿇고 간절히 기도했습니다.

나는 이제 개인적인 종말과 시대적인 종말을 함께 준비하고 있습니다. 살아갈 날이 길지 않음을 의식하며 요즘은 1-2년 입지 않았던 옷과 물건들은 정리해서 다른 사람에게 나누어 줍니다. 그리고 "주님 앞에 갈 때 부끄럽지 않게 해주세요"라고 간절히 기도합니다. 말씀을 전하고, 가르치고, 본을 보이며 살아가

하나님의 섭리

야 하는 사명 앞에서 나의 마지막 모습이 성도들에게 어떻게 비추어질까? 생각해 봅니다. "주님의 영광을 가리는 일이 없게 해 주세요." 이것이 나의 기도입니다.

가르치는 자, 설교자는 진리를 전하는 일에 타협해서는 안 됩니다. 주님이 주시는 말씀, 그대로를 전해야 합니다. 성결함과 거룩함은 그 자체로 말 없는 선포입니다. 우리가 자기 죄를 깨닫기만 해도 주님은 은혜로 덮어주시고 드러내지 않으십니다. 주님의 인격은 참으로 아름답습니다.

대속죄일이 다가오고 있는 이때, 주님께서는 내게 이렇게 말씀하시는 듯합니다. "네 인생에서 가장 큰 속죄일은 바로 지금이다." 기도로 준비하던 중에 주님은 이번이 내 인생 가운데 최고의 속죄절, 주님께서 가장 값지게 받고 싶으신 대속죄절이라는 생각을 주셨습니다. 사람이 자신의 잘못된 삶을 돌이켜 보고, 인생의 마지막을 하나님 앞에서 아름답게 회개할 수 있다면, 그것이야말로 얼마나 큰 은혜일까요? 그래서 늙어갈수록 몸의 기능이 약해지는 것이 은혜입니다. 육체의 힘이 빠지기에, 우리가 걸어온 길을 더욱 깊이 돌아볼 수 있고, 잘못 살아온 인생을 점검하며 하나님 앞에 엎드릴 수 있습니다. 다윗도 힘이 없는 노년의 때에, 성전의 계시가 열렸습니다. 노년은 단순한 쇠퇴가 아니라, 철저하게 자기 자신을 점검하고, 신앙의 새로운 차원을 여는 '아비들의 차원'입니다. 그래서 노년은 참으로 아름다운 시간입니다. 죽은 나뭇가지지만 꽃이 피고 열매가 달리는 아론의 싹난 지팡이처럼, 육체의 생명력은 소진해 갈지라도 주님을 향하는 영혼은 더욱 싱그럽습니다. 그래서 거룩한 사람의 노년은 아름다울 수밖에 없습니다.

이제는 힘도 부족하고, 예전처럼 많은 일을 할 수 없지만, 이 시대를 위해 또 첫사랑을 잃어버린 세대를 위해 기도하는 지금의 내 인생이 얼마나 멋지고 복된지 모릅니다. 지금 나는 그렇게 내 인생을 차근히 마무리하는 연습을 하고 있습니다. 병뚜껑 하나 제대로 열지 못할 정도로 손의 힘이 약해지고, 귀가 어두워지고, 눈이 침침해지는 것도 "덜 듣고, 덜 보라"는 하나님의 사랑임을 깨닫습니다. 이 모든 상황이 이제 썩어질 육체의 힘을 쓰며 살아가기보다 하나님께 온전히 집중하며 더욱 기도에 힘쓰라는 그분의 배려로 느껴집니다.

그러나 내 노년의 시선은 여전히 열방을 향해 있습니다. 유럽을 위해, 독일 헤른후트를 위해, 남미를 위해, 그리고 다음 세대를 위해 기도하며, 이 글을 남길 수 있음이 참으로 행복합니다. 하나님께서는 창세 전에 그리스도 안에서 나를 택하시고 이 모든 일들을 내 사명으로 정하시고 예비하셨습니다. 이 놀라운 하나님의 섭리 앞에 나는 감사할 수밖에 없습니다.

"하나님의 말씀과 기도로 거룩하여짐이라"(딤전 4:5).

우리를 거룩하게 하시려는 것이 하나님의 섭리입니다. 우리 교회는 이 거룩함을 위해 많은 훈련을 하고 있습니다. 거룩한 백성으로서, 여호와의 깃발을 들고 선두에서 쓰임 받도록 준비시키는 것입니다. 거룩해지는 것은 하나님이 창조하신 형상을 회복하는 것입니다. 태초 전부터 아들과 신부로 부르신 그 부르심에 합당하도록, 만유의 회복을 위해 우리가 반드시 해야 할 일은 '말씀과 기도'입니다. 우리를 하나님의 거룩한 차원으로 이끄시려고 필요한 말씀을 주셨습니다. 그래서 우리는 매일 그 말씀을 붙잡고 기도하며, 자신을 정돈하고 깨끗이 청소하는 일을 해야 합니다.

주님은 믿는 우리 모두가 거룩해지기를 원하십니다. 거룩한 이들을 데려가시기 위해, 주님의 오심을 사모하는 모든 사람들을 성결하게 하셔서 신부로 삼으시기 위해서입니다. 이 글을 읽는 모든 이에게 하나님 나라의 기업을 상속할 아들이자 다시 오실 주님의 아름다운 신부로 단장되는 거룩함의 역사가 임하기를 기도합니다. 이것이 하나님의 거룩한 섭리입니다.

섭리 12

신부

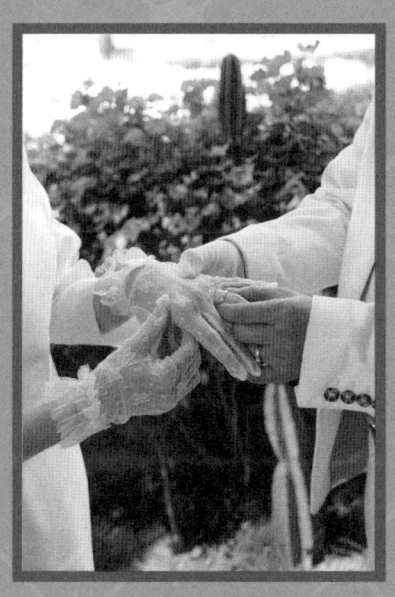

신부 단장

"또 내가 보매

거룩한 성 새 예루살렘이 하나님께로부터 하늘에서 내려오니

그 준비한 것이 신부가 남편을 위하여 단장한 것 같더라"

(계 21:2).

"또 내가 들으니 허다한 무리의 음성과도 같고

많은 물소리와도 같고 큰 우렛소리와도 같은 소리로 이르되

할렐루야 주 우리 하나님 곧 전능하신 이가 통치하시도다

우리가 즐거워하고 크게 기뻐하며 그에게 영광을 돌리세

어린 양의 혼인 기약이 이르렀고

그의 아내가 자신을 준비하였으므로

그에게 빛나고 깨끗한 세마포 옷을 입도록 허락하셨으니

이 세마포 옷은 성도들의 옳은 행실이로다 하더라

천사가 내게 말하기를 기록하라

어린 양의 혼인 잔치에 청함을 받은 자들은 복이 있도다 하고

또 내게 말하되 이것은 하나님의 참되신 말씀이라 하기로

내가 그 발 앞에 엎드려 경배하려 하니 그가 나에게 말하기를

나는 너와 및 예수의 증언을 받은 네 형제들과 같이 된 종이니

삼가 그리하지 말고 오직 하나님께 경배하라

예수의 증언은 예언의 영이라 하더라"(계 19:6-10).

요한계시록 19장은 하늘에서 큰 무리가 기뻐하여 "할렐루야!"를 외치면서 시작됩니다. 바로 어린 양의 혼인 잔치, '주님의 결혼식'이 열리기 때문입니다.

"어린 양의 혼인 기약이 이르렀고 그의 아내가 자신을 준비하였으므로"(계 19:7) 이 혼인 잔치의 주인공은 어린 양이신 주님과 준비를 마친 주님의 신부입니다. 그리고 혼인 잔치의 정점은 신랑을 위해 눈부시게 단장한 신부입니다. 결혼식은 그녀의 아름다움과 거룩함, 순결함과 순전함이 최고로 빛나는 날입니다. 그래서 어린 양의 혼인 잔치는 어린 양의 신부가 완전한 영광 가운데 드러나는 날입니다. 이 우주 최고의 행사는 하나님께

서 신부에게 허락하신 백옥의 눈부신 예복과 함께 천상의 화려함과 최상의 것을 집약시켜 놓은 하나님의 큰 잔치, 영광의 잔치가 될 것입니다. 그 모든 것들을 준비된 주님의 신부가 누리는 것입니다.

어린 양의 결혼식은 하늘에 계신 주님이 공중으로 내려오시고 땅에서 준비가 끝난 우리가 함께 공중에서 만나며 시작됩니다. 이 하나님의 경륜이 성취된 순간을 볼 때, 모든 이들의 기쁨과 환희가 절정이 되며, 하늘에서는 끊임없이 "할렐루야!" 찬송이 울려 퍼집니다. 그리고 하나님께서 모든 영광을 받으시고, 신부 된 성도들은 완전한 기쁨 가운데 들어갑니다.

너무나 행복하고 멋진 혼인 잔치가 이루어진 후에 주님이 이 땅에 재림하십니다. 그리고 주님은 수많은 무리를 이끌고 함께 이 땅에서 하나님 나라를 펼치십니다. 하나님 나라는 주님이 왕으로 통치하실 가장 위대한 나라로서 영화로운 시대가 열릴 것입니다. 이 모든 일들을 이루실 하나님께서 경배와 영광을 받으시므로 "아멘! 할렐루야!"의 찬양이 하늘 가운데 큰 소리로 울려 퍼집니다.

주님이 다스리시는 하나님 나라에서는 우리가 상상하지도 못할 새로운 세상이 열릴 것입니다. 그리고 바로 그날, 사람들은 서로 다른 상태로 주님의 나라를 바라볼 것입니다. 어떤 이들은 부활의 몸(영체)을 입고 새 시대를 맞이할 것이며, 어떤 이들은 여전히 육체를 입고 하나님 나라를 경험할 것입니다. 성 안에서 주님과 함께 사는 자들도 있을 것이고, 성 밖에서 슬피 울며 이를 가는 자들도 있을 것입니다. 그러므로 우리는 혼인 잔치에 초청을 받은 자들, 천상의 천사들, 보좌 주위의 이십사 장로와 네 생물, 예수의 증거를 받은 하나님의 종들, 하늘 군대들과 같이 하나님 앞에 "할렐루야!"를 외칠 수 있는 자들로서 또 계시록의 기록된 말씀대로 단장된 어린 양의 신부로 준비되어야 하는 것입니다. 그러므로 우리는 어린 양의 아내로서의 품격을 갖추어야 합니다.

그런데 과연 주님이 찾고 계시는 신부의 자격은 무엇일까요?

"장로 중 하나가 응답하여 나에게 이르되
이 흰옷 입은 자들이 누구며 또 어디서 왔느냐
내가 말하기를 내 주여 당신이 아시나이다 하니
그가 나에게 이르되
이는 큰 환난에서 나오는 자들인데
어린 양의 피에 그 옷을 씻어 희게 하였느니라"(계 7:13-14).

어린 양의 신부는 '빛나고 깨끗한' 세마포 옷을 입은 이들입니다. 세마포는 단순한 옷이 아니라, 거룩한 삶을 살아낸 신부 된 자의 정체성을 의미합니다. 새하얗게 빛나고 깨끗한 세마포는 어린 양의 피로 씻어져 예수 그리스도의 보혈로 정결하게 된 삶, 예수 그리스도의 말씀 앞에서 나를 부인하고, 오직 예수로 사는 삶 자체인 것입니다. 신부 단장은 예수 그리스도의 십자가가 삶의 전부이며, 오직 주님만을 남편으로 의지하며 살아가는 삶으로 이루어지는 것입니다. 어린 양의 세마포를 입은 신부는 바로 예수 그리스도의 말씀 앞에 날마다 죽는 삶을 사는 이인 것입니다.

"내가 그리스도와 함께 십자가에 못 박혔나니
그런즉 이제는 내가 사는 것이 아니요
오직 내 안에 그리스도께서 사시는 것이라
이제 내가 육체 가운데 사는 것은
나를 사랑하사 나를 위하여 자기 자신을 버리신
하나님의 아들을 믿는 믿음 안에서 사는 것이라"(갈 2:20).

우리는 처음부터 끝까지 십자가의 은혜로 살아갑니다. 나는 십자가 앞에서 이제 더 이상 고통스럽거나 슬픈 것이 아니라 고맙고, 감사하고 행복해서 울게 됩니다. 내가 연약할지라도, 십자가 나를 다시 살리고 이끌어 가실 것을 믿기 때문입니다.

주님 외에는 길이 없습니다. 예수님만이 유일한 구원의 길이시며, 생명에 이르는 길은 오직 예수뿐입니다. 그래서 "모든 종교에 구원이 있다"는 말은 인본주의적 생각이며 거짓말입니다. 그래서 신부는 정결을 지켜야 합니다. 세상과 섞이지 않고 주님만을 기다리는 자입니다. 신부인 우리는 자신을 드러내지 않고, 오직 성령과 말씀만 바라보는 삶을 살아야 합니다.

어린 양의 신부는 옳은 행실의 옷인 세마포를 입은 이들입니다. 세마포 옷은 불필요한 섬유질은 다 떼어지고 마지막 남은 아주 가는 베실로 짜인 옷입니다. 즉 신부가 입는 옷은 단순히 선한 행동의 결과가 아닙니다. 이 옷은 믿음을 지키기 위해 겪은 수많은 고난과 연단의 흔적입니다. 믿음을 지키기 위해 많은 고난의 과정을 겪은 성도들의 삶이 실 하나하나가 되어 짜여진 옷이 세마포 옷입니다.

어린 양의 신부는 계시록에 나오는 주님의 칭찬을 받은 일곱 교회의 남은 자들과도 같습니다. 이들은 신부로서 정결을 지키는 이이며, 세상과 타협하지 않고 오직 주님만을 기다리는 사람들입니다. 신부가 된다는 것은 나를 진짜 사랑하는 내 주님께 내 인생을 드리는 것입니다. 나를 책임지시고, 나의 부족함까지도 품어주시는 이에게 내 평생을 맡기는 것입니다. 그분이 바로 예수님이십니다. 나의 신랑이시며, 유일한 사랑이신 그분만을 바라보며 나는 기다립니다. 그리고 그 기다림이 지금 내 마음에도 날마다 더해져 갑니다.

그러므로 어린 양의 신부는 정절을 지키며 기다리는 이들입니다. 주님이 다시 오신다고 하셨으니, 우리는 기다려야 합니다. 포도원을 지키던 술람미 여인은 왕이 오기만을 기다렸습니다. 그때 사람들은 그녀를 조롱하고 참소했습니다. 왕이 검게 그을려서 보잘것없는 너를 왜 찾아오겠냐고요. 그러나 그녀는 아랑곳하지 않고 그가 반드시 다시 올 것을 믿고 기다렸습니다. 아가서의 술람미 여인이 비둘기 눈처럼 한곳을 바라보며 정절을 지키며 솔로몬을 기다렸듯이, 우리도 다시 오실 주님을 기다립니다. 그리고 주님은 반드시 우리를 다시 데리러 오시겠다고 약속하셨습니다.

또 어린 양의 신부는 향기를 발하는 이들입니다. 솔로몬이 자신을 오롯이 바라보는 사랑하는 여인에게 향을 부어주었을 때, 그녀는 그 향을 머금은 신부가 되었습니다. 우리가 주님을 위해

하나님의 섭리

희생할 때 신부로서의 아름다움이 완성됩니다. 희생된 향기, 그것이 아름다운 것입니다. 그리고 주님이 먼저 우리를 위해 희생하셨습니다.

그리스도의 성도에게는 주님의 향기가 자연스럽게 나야 합니다. 옥합이 깨져야 그 향기를 발하는 것처럼 예수 그리스도를 품은 성도들이 밀알로서 땅에 던져지고 깨어져야 비로소 주님의 향기를 발하게 됩니다. 진흙도 백합과 함께 있으면 백합의 향이 난다고 합니다. 우리도 주님과 함께 있으면 예수의 향기를 발할 것입니다.

마리아는 향유를 담은 옥합을 깨어 예수님의 죽음을 준비하였습니다. 마리아가 평생에 걸쳐 준비한 향유를 담은 옥합이 깨어질 때 그 향기가 사방으로 퍼집니다. 그의 향기는 주님이 다시 오실 때까지 복음이 전파되는 모든 곳에서 기념되고 있습니다.

어린 양의 신부는 기름을 준비한 다섯 처녀와 같은 이들입니다. 주님께서는 천국은 신랑을 맞으러 나간 열 처녀와 같다고 비유하셨습니다. 그러나 이 중에서 미리 기름을 준비한 슬기로운 다섯 처녀만이 신랑을 맞이한 신부가 되었습니다. 기름을 준비한다는 것은 우리가 삶에서 성령의 인도하심을 따라 말씀대로 사는 것을 의미합니다. 술람미 여인에게는 왕의 포도원을 성실하게 가꾸는 것이 솔로몬왕을 맞이하기 위한 기름 준비였습니다. 우리도 마찬가지로 주님께서 각자의 삶 속에 주신 사명을 완수하는 것이, 기름 준비입니다. 열 처녀 비유의 다섯 처녀와 같이 신부는 등불과 기름을 준비하며 기다려야 합니다.

어린 양의 신부는 아가서의 술람미 여인과 같은 사람입니다. 사실 모든 성경은 예수님께서 이 땅에 오셔서 술람미 여인과 같은 우리를 그분의 아름다운 신부로 부르셨다는 사실을 말하고 있습니다. 아가서는 강력함을 이야기하지 않습니다. 그러나 그 안에 신부될 자들이 살아가는 신앙의 길, 가장 아름다운 부부의 사랑, 하나님께서 감추어 놓으신 지성소의 비밀이 있습니다. 아가서에는 솔로몬으로 대표되는 예수님의 아름다움과 가장 깊은 영적인 비밀이 숨겨져 있습니다.

창세기부터 아가서, 계시록까지, 성경 전체는 예수님께서 이 땅에 오셔서 신부될 우리를 찾고 계심을 보여줍니다. 과연 나는 주님이 찾으실만한 신부인가? 정말 내 생명과 바꿀 수 있을 만큼 주님을 사랑하는가? 온 마음을 다해 그분만을 기다리고 있는가? 잠언의 현숙한 여인처럼 신부로서 단장하며 준비하고 있는

가? 우리가 인생을 되돌아보면서 스스로 주님 앞에 답을 찾아야 할 질문들입니다.

신부로 준비된다는 것은 단순한 신앙생활이 아닙니다. 우리는 주님이 부어주신 향기를 품고, 그분만을 바라보며, 신부의 단장을 마치고 기다려야 합니다. 신부들의 삶은 행동과 마음이 아름다워야 하며, 주님을 향한 온전한 사랑과 헌신이 담긴 삶입니다. 신부는 성령의 인도함을 받는 아름다운 존재입니다. 그 아름다운 신부가 바로 '나'입니다.

우리 목사님께서는 교회 청년들이 결혼할 때 주례를 서주시면서 결혼식 전에 신랑과 신부 모두 3일간 금식하며 기도하게 하십니다. 이는 부부가 한 몸이 되기 전에 각자의 방식대로 세상을 살아왔던 모든 시간을 정리하며 지금까지 지은 죄를 속죄하는 정결 의식과 같은 것입니다. 그리고 새로운 부부의 삶을 시작하며 신랑은 예수 그리스도를 자신의 머리 삼고 신부는 신랑을 자신의 머리로 삼아야 합니다. 결혼은 과거의 모든 삶을 내려놓고, 남편(주님)과 하나 되어 가는 과정입니다. 이제는 오직 그분만 바라보며 함께 걸어가는 것입니다.

이스라엘의 약혼식은 예수님께서 최후의 만찬 때 제자들에게 따라주셨던 포도주와 같은 의미를 갖습니다. 정혼의 증표로 신랑이 따라주는 포도주를 신부가 마시고 나서 신랑도 같은 잔으로 포도주를 마시면 혼인 언약이 성사됩니다. 이 포도주를 받아 마시는 것은 신랑과 신부가 서로의 생명을 바친다는 의미입니다. 약혼이 성사되면 신랑은 모세의 율법에 따라 언약서약서를 낭독하며 선언합니다.

"내 아버지 집에서 당신과 함께 포도주를 마시기 전까지 포도주를 마시지 않겠소."

그 후 서약서는 봉인되며 이 약속은 이후로는 어떤 일이 있어도 반드시 지켜져야 하고 번복할 수 없습니다. 그리고 신랑은 신부를 다시 데리러 오겠다고 약속을 한 뒤 신부와 함께 살 집을 마련하기 위해 신랑의 집(아버지 집)으로 돌아갑니다.

마가복음 14장의 최후의 만찬 장면에서 주님이 제자들에게 잔을 주시며 말씀하십니다. "이르시되 이것은 많은 사람을 위하여 흘리는 나의 피 곧 언약의 피니라 진실로 너희에게 이르노니 내가 포도나무에서 난 것을 하나님 나라에서 새것으로 마시는 날까지 다시 마시지 아니하리라 하시니라"(막 14:24-25). 예수 그리스도의 피가 포도주로서 신부인 우리에게 주어지고 그것을 받아 마심으로 주님과 약혼이 되었습니다.

요한복음 14장에서는 예수님은 "내 아버지 집에 거할 곳이 많도다 그렇지 않으면 너희에게 일렀으리라 내가 너희를 위하여 거처를 예비하러 가노니 가서 너희를 위하여 거처를 예비하면 내가 다시 와서 너희를 내게로 영접하여 나 있는 곳에 너희도 있게 하리라"(요 14:2-3)고 약속하셨습니다. 이는 곧 신랑이신 주님과 신부인 우리가 맺은 언약이며, 주님이 다시 오실 것을 보증하는 약속입니다.

신랑의 언약 속에서 신부는 결혼 예복을 준비하고, 순결을 지키며, 신랑이 오는 날을 기다립니다. 그러나 신랑이 오는 날은 오직 신랑의 아버지만 알고 있습니다. 주님의 오심도 마찬가지입니다. 예수님께서도 말씀하셨습니다.

"그러나 그날과 그때는 아무도 모르나니
하늘에 있는 천사들도, 아들도 모르고 아버지만 아시느니라"
(막 13:32).

주의 날은 갑자기 임할 것입니다.

"주의 날이 밤에 도둑같이 이를 줄을

너희 자신이 자세히 알기 때문이라"(살전 5:2).

혼인 준비(신부와 살 집 준비)가 끝나 아버지가 아들에게 "신부를 데리러 가라" 하시는 그날, 한밤중에 나팔을 불어 온 동네를 깨울 것이며, 신부는 그 나팔 소리에 깨어 놀라서 뛰어나가 신랑을 맞이할 것입니다. 그러나 신랑을 맞이하지 못하는 신부도 있습니다. 미리 기름을 준비하지 않은 미련한 다섯 처녀입니다.

"신랑이 더디 오므로 다 졸며 잘새

밤중에 소리가 나되

보라 신랑이로다 맞으러 나오라 하매

이에 그 처녀들이 다 일어나 등을 준비할새

미련한 자들이 슬기 있는 자들에게 이르되

우리 등불이 꺼져가니 너희 기름을 좀 나눠 달라 하거늘

슬기 있는 자들이 대답하여 이르되

우리와 너희가 쓰기에 다 부족할까 하노니

차라리 파는 자들에게 가서 너희 쓸 것을 사라 하니

그들이 사러 간 사이에 신랑이 오므로

준비하였던 자들은 함께 혼인 잔치에 들어가고 문은 닫힌지라

하나님의 섭리

그 후에 남은 처녀들이 와서 이르되

주여 주여 우리에게 열어 주소서

대답하여 이르되 진실로 너희에게 이르노니

내가 너희를 알지 못하노라 하였느니라

그런즉 깨어 있으라

너희는 그날과 그때를 알지 못하느니라"(마 25:5-13).

기다리며 준비하지 않은 자는 신랑을 만날 수 없습니다. 신랑이 언제 오실지 모르므로 신부는 언제든 신랑이 데리러 오면 즉시 떠날 만반의 준비를 갖추고 신랑을 기다려야 합니다. 그러니 우리는 순결을 지키고 항상 깨어서 신랑을 맞이할 준비를 해야 합니다. 항상 깨어 기다리며 준비하지 않은 자는 다시 오실 주님을 만날 수가 없습니다.

주님,

거룩한 성, 새 예루살렘이 하늘에서 내려오는

그날을 사모합니다.

새 예루살렘의 계시를 통하여

요한계시록 19장부터 22장까지의 말씀이 열려지고,

신부가 단장하며,

우리의 삶이 새 예루살렘성전으로 지어져 가는 것을
보게 하여 주시옵소서.
어린 양의 혼인 잔치에 참여할 신부로 준비되게 하시고,
우리의 삶이 주의 성전으로 세워져 가는 것을 보게 하소서.
순결한 세마포 옷을 입고 주님 앞에 서는 날까지
말씀과 기도로 거룩하게 하시고,
하나님의 섭리를 이루는 삶을 살게 하옵소서.
"보라 하나님의 장막이 사람들과 함께 있으매
하나님이 그들과 함께 계시리니"(계 21 : 3중).
이 말씀이 우리의 삶 가운데 이루어지게 하소서.
주님의 거룩한 도성으로 지어져 가는 은혜를
허락하여 주시옵소서.

제가 주님의 신부가 되는 것은
하나님의 섭리입니다.
저를 가장 사랑하여 죽기까지 책임지신
그분에게 제 평생을 바치는 것입니다.
제 모든 부족함까지도 품어주시는 분이
예수님이십니다.

새 예루살렘성

"일곱 대접을 가지고 마지막 일곱 재앙을 담은

일곱 천사 중 하나가 나아와서 내게 말하여 이르되

이리 오라 내가 신부 곧 어린 양의 아내를 네게 보이리라 하고

성령으로 나를 데리고 크고 높은 산으로 올라가

하나님께로부터 하늘에서 내려오는

거룩한 성 예루살렘을 보이니

하나님의 영광이 있어 그 성의 빛이 지극히 귀한 보석 같고

벽옥과 수정같이 맑더라"(계 21:9-11).

요한계시록 21장은 새 예루살렘성에 관해 이야기합니다. 천사가 요한에게 "이리 오라 내가 신부 곧 어린 양의 아내를 네게 보이리라" 하며 하늘로부터 내려오는 새 예루살렘을 보여줍니다. 이 새 예루살렘이 바로 남편을 위해 단장한 신부이며, 어린 양의 아내입니다.

하나님께서는 창세기에서부터 태초의 사람 아담과 하와를 통해 예수님과 신부의 모습을 모형으로 나타내셨습니다. 에덴동산에서 아담은 모든 동물이 다 짝이 있는데 자신만 그와 닮은 존재, 짝이 없음을 깨닫고 외로움을 느낍니다. 하나님께서는 아담을 독처하게 하시어 신부의 필요성을 알게 하신 것입니다. 그리하여 하나님께서는 아담을 깊이 잠들게 하시고, 그의 갈비뼈를 취해 하와를 만드셨습니다.

이는 곧 예수님과 신부 된 교회의 모형입니다. 이스라엘의 결혼 풍습상 음란을 저지른 신부를 살리기 위해서는 신랑이 자기 옆구리를 찔러 피를 냅니다. 예수님께서 십자가에 달려 돌아가실 때 옆구리를 창에 찔리심으로 물과 피가 쏟아져 나왔습니다. 신부인 우리는 본래 음란과 죄악 가운데 죽을 수밖에 없는 존재였으나, 주님께서 우리를 살리기 위해 자기의 옆구리를 찢고 피를 흘리셨습니다. 신부, 곧 교회는 예수님께서 십자가에서 희생하심으로 태어난 생명체입니다. 그리고 죄인인 우리를 위해 피 흘리신 예수님의 사랑이 신부를 향한 신랑의 사랑입니다. 그 피

하나님의 섭리

로 우리를 정결하게 하시고, 그 사랑으로 우리를 품으셨습니다. 죄인이었던 신부가 예수님의 희생을 통해 새롭게 지어져 가는 것이 바로 새 예루살렘입니다. 그래서 주님의 신부는 교회이며 또 새 예루살렘입니다.

이처럼 하나님의 섭리로서 창세기에서부터 요한계시록의 결론인 새 예루살렘성이 계획되어 있습니다. 믿는 우리의 최종 목적지는 새 예루살렘입니다. 성경은 거룩한 성 새 예루살렘이 하늘로부터 내려오는데, 신부가 신랑을 위해 단장한 것과 같고 하나님의 영광이 있어 지극히 귀하고 맑은 빛이 나고 성안에는 성전이 없는데 전능하신 주 하나님과 어린 양이 친히 우리의 성전이 되어 주신다고 말씀합니다.

"너희는 사도들과 선지자들의 터 위에 세우심을 입은 자라
그리스도 예수께서 친히 모퉁잇돌이 되셨느니라
그의 안에서 건물마다 서로 연결하여 주 안에서 성전이 되어 가고
너희도 성령 안에서 하나님이 거하실 처소가 되기 위하여
그리스도 예수 안에서 함께 지어져 가느니라"(엡 2:20-22).

신부, 곧 새 예루살렘은 사도들과 선지자들의 터 위에 세워졌

습니다. 사도들은 예수님께 직접 부름을 받고 가르침을 받은 자들입니다. 그들은 예수님께서 십자가에서 고난을 당하시고, 죽으시고, 묻히시고, 부활하시고, 승천하신 모든 과정을 직접 목격한 자들입니다. 그리고 우리는 그들이 믿었던 동일한 터 위에 서 있습니다. 우리 또한 예수 그리스도를 믿고, 그분을 따르는 존재들입니다.

모든 성경은 예수 그리스도에 대한 계시이며 예언입니다. 하나님의 능력이 이 모든 일을 행하시며, 성전의 구조를 통해 이를 설명하고 계십니다. 새 예루살렘은 신부들로 구성되어 있습니다. 교회인 우리가 남편이신 예수 그리스도를 바라보며 공중에서 예비된 혼인 잔칫날까지 남편의 격에 어울리도록 신부 단장을 하는 것이 신앙생활입니다. 그래서 성막의 문에서 지성소까지 가는 길이 내가 예수 그리스도의 장성한 분량까지 도달하는 과정입니다. 다시 말하면 내 속에 주님이 영원히 거하실 성전을 짓는 과정이자, 하늘로부터 내려올 새 예루살렘성을 짓는 과정입니다.

성전 문을 통과하는 것은 세상에 속해 있던 자가 예수님의 품으로 들어온 것입니다. 신학적으로는 '칭의'라고 표현합니다. 교회 밖에 있던 자들이 하나님의 부르심을 통해 교회 안으로 들어온 것입니다. 우리는 서로 연결되어 주 안에서 성전이 되어 가고 있으며, 내 안에서도 성전이 지어져 가고 있습니다. 그러나 성전을 짓되, 뜰만 지어놓았다면 계속 마당만 밟는 신앙에 머무르게 됩니다. 성전 밖 마당의 신앙을 가진 자는 하나님의 새 예루살렘의 섭리에 참여하지 못합니다.

번제단은 거듭남의 과정입니다. 번제단이 지어졌다면 태워지고 회개하는 역사가 일어나야 합니다. 번제단에서 내 육체가 각이 떠지고 태워짐으로 나의 원죄가 처리되고 구원을 얻기 때문에 가장 중요한 과정입니다.

물두멍에서는 말씀으로 죄를 씻습니다. 말씀이 우리를 정결하게 하며 운행하는 역사가 있어야 합니다. 원죄는 처리되었지만, 원죄로부터 파생된 나의 쓴뿌리들, 회개했지만 살아가면서 반복적으로 짓게 되는 죄들을 처리하는 과정입니다.

성소는 또 다른 차원입니다. 떡을 먹으며 영적으로 양육되고, 빛으로 비추임을 받으며, 향기로 하나님 앞에 올려지며 신앙이 역동적으로 변화됩니다.

성소에는 떡상과 분향단과 등대가 있습니다. 떡을 만들기 위해서는 곡식을 가루 내서 기름으로 반죽하는 것처럼, 우리의 자아가 파쇄되고 성령으로 연합되는 과정입니다. 또 만들어진 떡은 번철에 앞뒤로 여러 번 구워지는데, 이는 고난과 연단을 통한 성숙의 과정을 의미합니다.

분향단에서 향기가 드려지기 위해서는 여러 향품이 빻아져서 고운 가루가 되어야 합니다. 내 생각, 내 지식, 내 감정, 내 의지가 모두 하나님 보시기에 합당하기까지 파쇄되어야 합니다. 그리고 마침내 태워져서 하나님이 흠향하시는 향기가 됩니다. 기도와 헌신과 사랑의 향입니다.

등대를 밝히는 기름은 가장 좋은 품질의 올리브를 으깨고 짜서 만듭니다. 아무것도 섞이지 않은 순전한 기름입니다. 등대는 성소 안의 유일한 빛으로서 제사장은 24시간 간검하여 절대로 등대의 불을 꺼뜨리지 않아야 합니다. 교회를 항상 살피시고 돌보시는 예수 그리스도의 사역을 상징합니다. 그리스도인이라면 어두운 세상을 밝히는 빛으로서의 사명을 신실하게 감당해야 합니다.

성소의 과정은 생명과 풍요로 이웃을 먹이고, 향기로 하나님 앞에 올려지고, 주변의 어둠을 밝히 비추는 성숙한 신앙입니다. 하나님의 뜻을 세우고 교회를 세우기 위해 교회 안에서 자기를 희생하고 섬기는 자들의 모습입니다.

하나님의 섭리

번제단부터 성소까지가 '성화'의 과정이라면 지성소는 '영화'의 과정이며 앞선 모든 과정과는 비교할 수 없이 완전히 차원이 달라집니다. 지성소는 일 년에 한 번 대제사장만 들어가는 곳으로, 하나님께서 그날 그 자리에서 만나주시고 이스라엘 백성의 모든 죄를 사해주시기로 약속하신 장소입니다. 지성소는 하나님의 얼굴을 뵙는 최고로 영광된 자리입니다. 지성소에는 빛이 없어서 아무것도 보이지 않지만 하나님의 임재가 충만한 자리이며 하나님의 신성과 내가 만나는 자리입니다. 하나님과 내가 연합하는 자리입니다. 부부 사이의 가장 깊은 침궁의 비밀과 같은 자리입니다. 개인 신앙에서 도달할 수 있는 가장 성숙한 자리입니다.

사도들이 오순절 성령을 받고 복음을 땅끝까지 전파하는 사명을 시작한 것처럼 지성소에 도달한 자는 다시 세상으로 나가 사람들을 섬기고 하나님 나라를 이 땅 가운데 이루는 사명을 다 이루어야 합니다. 이렇게 나의 심령의 성전이 지어지는 만큼, 내 안에서 나오는 권세와 능력, 말씀의 깊이가 달라집니다. 아가서의 신부 술람미 여인이 남편 솔로몬의 보호를 받다가 마침내 "나는 성벽이요 … 화평을 얻은 자 같구나"라며 남편을 보호하는 자가 되는 모습입니다(아 8:10). 주님의 신부는 성령의 인도에 따라 사는 이들입니다. 신부는 바로 그런 존재입니다. 그리고 그 신부가 '나'입니다. 창세 전에 지명하신 하나님의 섭리입니다.

하나님께서 창세 전부터 나를 조성하고 지명하여 부르셔서 어린 양의 신부로 삼으시는 그날까지 이끌어 가시는 모든 과정이 하나님의 섭리입니다.

"성령과 신부가 말씀하시기를 오라 하시는도다
듣는 자도 오라 할 것이요 목마른 자도 올 것이요
또 원하는 자는 값 없이 생명수를 받으라 하시더라"(계 22:17).

아멘!
주 예수여, 속히 오시옵소서!
마라나타!

『하나님의 섭리』를 끝내면서

거의 일 년 가까이, 컴퓨터 앞에서 기도하며 울며 예배드리는 마음으로 글쓰기에 매달렸던 것 같습니다. 책을 끝내면서 "이제 더 안보리라. 끝! 두 손 올리고 할렐루야! 주님, 감사합니다!" 하고 개운한 마음으로 아침 일찍 감사기도를 드리는데 문득 주님이 생각나게 하는 일이 있었습니다.

바로 우리 엄마, 한춘례 권사님입니다.

8년 전인가…, 신년 초 목사님과 함께 교회 전체 2/3의 성도들이 참여하는 이스라엘 성지 순례가 일정으로 잡혀 있었습니다. 전도사인 내가 여행사와의 일정 조율 등 순례길의 모든 준비를 실무자로 관리하며 진행하고 있었는데 갑자기 어머니가 많이 아프셨습니다. 나는 무남독녀로서 여러 해 전에 남편이 암으로 소천하시고 친정어머니와 단둘이 살고 있었기에 어찌해야 할지 참으로 막막했습니다.

기도하는 중 내 마음속에 '하나님 일이 우선이다'라는 생각을 주님이 들게 하셨고, "주님께 모든 것을 맡깁니다. 주님이 해주세요"라고 기도드렸습니다. 그리고 교회에 남아 지키기로 한 청년에게 부탁했습니다. "만약 우리 어머니가 내가 오기 전에 임종하시면 아무 곳에도 연락하지 말고 병원 장례식장 안치실에 모셔 줘." 의식이 거의 없이 병상에 누워계신 어머니를 두고 쏟아지는 눈물을 삼키며 마지막이 될지도 모르는 인사를 하고 결국 이스라엘 성지순례를 출발했습니다. 가는 비행기 안에서 주님은 제자들을 부르셨던 마태복음 21장 말씀이 생각나게 하셨습니다.

이스라엘 벤구리온 공항에 도착하여 비행기에서 내리고 핸드폰을 켜자 바로 메시지가 울렸습니다. "권사님 임종하셨습니다." '아! 주님, 저는 불효자가 아니라 효자입니다.' 비행 내내 예상했고 마음을 다잡았던 일임에도 애통하는 마음이 컸습니다. 그러나 내색하지 못하고 표정 없이 준비된 일정을 묵묵히

하나님의 섭리

소화했습니다. 일정을 거의 다 마치고 갈릴리 호수에서 선상 주일 예배를 드릴 때 목사님이 말씀하셨습니다.

"여러분, 우리가 한국을 떠나던 날, 한춘례 권사님이 주님 품에 안기셨습니다."

그때 내게 세미한 바람 같이 스치며 지나는 말,

"네가 나를 경외하는 줄 이제 알았다."

하나님은 나의 어머니를 통하여 그렇게 일하셨습니다. 민석, 민욱 내 자녀들도 아무 말 없이 장례를 치러 줘서 참 고마웠습니다.

사역자의 길….

하나님께서는 '사역자의 길이란 이런 것이다'를 경험하게 하셨습니다. 아무 설명이 필요 없었습니다. 그걸 깨닫게 하셨습니다. 우리 어머니가 가끔씩 내게 "나도 엄마가 보고 싶다"고 하시던 그 말씀을 내가 지금 스스로에게 하고 있습니다. '나도 엄마가 보고 싶다….' 우리 엄마도 엄마가 있었다는 것을 그때는 생각하지 못했습니다.

컴퓨터도 느리고 말재주도 없고 글재주도 없는데 주님이 함께하셔서 이 책이 완성되었습니다. 첫사랑을 잃어버린 세대들에게는 주님의 사랑이 다시 회복되길 바라고, 처음 예수를 맞이하는 분들은 예수님을 영접하여 천국 갈 수 있는 기회가 되었으면 좋겠습니다.

70세가 넘은 할머니가 주님 안에 살아오면서 귀로 듣고 가슴으로 새기고 삶으로 살아온 이야기를 두서없이 썼습니다.

"참 감사합니다!"

하나님의 섭리